Historia
General
del Peru

O, commentarios
reales de los Incas

Garcilaso de la Vega

EL EDITOR.

—

La inalterable verdad, y la escrupulosa é imparcial sinceridad en la historia son qualidades tan esenciales, que faltando qualquiera de ellas se confunde con estas composiciones, fruto de una imaginacion fecunda, llamadas novelas, que solo sirven para llenar de nulidades la juventud, ó para inutil ó acaso perjudicial recreo del bello sexô. Pero si con estas qualidades llegan á unirse la amenidad, el método, la concision, el juicio, la claridad y

*2

quanto se requiere para merecer
dignamente el nombre de historia, será la que se presente con
tales adornos, que le son tan propios, digna de la pluma de un
Tucydides, de un Tito Livio, y
probará la alma en su lectura la
mas dulce complacencia.

La del Inca Garcilaso, que
tengo la satisfaccion de presen-
tar al público, reune todos estos
preciosos é indispensables requi-
sitos, y quantos puede exigir el
crítico mas inexôrable. El aprecio y estimacion que han mere-
cido á los sabios y literatos jui-
ciosos de dos siglos sus Comentarios Reales, facilmente se podria
justificar; pero como semejante
defensa seria ociosa estando en
quieta y pacífica posesion de quanto puede apetecer, y gozando un
lugar tan distinguido en la república de las letras, basta afirmar
que el laborioso y erudíto D. Ni-
colás Antonio gradúa esta historia

de copiosa, elegante, curiosa, verdadera y segura: y que el Ilustrísimo Feyjoó, cuya crítica nada vulgar y poco indulgente lo pone á cubierto de toda impugnacion, reconoce su mérito en muchas partes del Teatro, principalmente en la ultima carta del tomo quinto.

Confieso que no puede menos de causarme mucha admiracion que obras de esta naturaleza, buscadas por los sabios de la nacion, apetecidas de todo curioso, elogiadas, traducidas y publicadas diferentes veces por los estrangeros, enemigos jurados de las glorias de España, lleguen á escasearse, y escasearse en unos tiempos en que vemos repetidas y multiplicadas ediciones de otras que es imposible sean de tanto interes para nuestra nacion, ni tan acreedoras á la inmortalidad; pero á pesar de esta admiracion, el pobre Inca casi

desde su nacimiento ha sufrido
esta fatalidad , no solo antes de
la reimpresion publicada el año
22 del siglo que va á espirar,
sino tambien despues de esta fe-
cha. Antes andaban tan escasos
sus Comentarios Reales que, segun el testimonio del Señor Don
Gabriel de Cárdenas , su editor,
y autor del Ensayo Cronológico
á la Historia de la Florida del
Inca , aun adquirirlos para co-
piarlos era dificultoso. Despues
se ha experimentado la misma
falta , y desde el año de 50 ya la
estan lamentando todos los curiosos , con vivos deseos de que
se verifique su reimpresion.

A vista de esto me resolví
despues de varios combates , y
no á persuasion de amigos , que
es la cantinela de todos , á una
empresa acaso superior á mis
fuerzas , persuadido firmemente
que haria en ello un señalado
servicio al público ; y consul-

tando el gusto dominante del dia,
preferí dar mi edicion en dozavo,
gusto que no dexa de tener sus co-
modidades y ventajas , y que facilmente se puede defender y aun
justificar con el exemplo de otras
naciones entre quienes los libros
no se miran como muebles inu-
tiles, y que han adoptado y dado la preferencia á este tamaño.

La obra , así en su origen
como en la edicion de 1722, tiene por título Comentarios Reales de los Incas , divididos en
dos partes. La primera , que
comprehende nueve libros , trata del origen de los Incas , reyes
que fueron del Perú , de su sabio gobierno en paz y en guerra,
provincias que conquistó cada
rey , dioses, idolatría , ciencias,
artes, usos y costumbres de cada
provincia en particular , así antes
tes de Manco Capac , fundador
de aquel vasto imperio , y el
primero que con su raro talento

y con sus astutas aunque groseras revelaciones supo reunir
en sociedad aquellas bestiales
gentes , enseñándoles al mismo
tiempo las artes y á cultivar la
tierra , como en tiempos poste-
riores , y hasta que los Españoles las fueron conquistando suc-
cesivamente : riquezas de oro y
plata que éstos hallaron : animales , plantas , frutas que habia
en el pais , y las que despues se
han ido llevando, con quanto pudo averiguar su autor, tanto por
medio de la tradicion verbal que
entre otros le suministraron sus
dos tios Cusi Huallpa y D. Fer-
nando Huallpa Tupac , hombres
bastante racionales y testigos del
trastorno de su imperio , quanto
por los quipos puestos á cargo
de los contadores , la unica escritura que alcanzaron para tras-
mitir sus memorias á la posteri-
dad. En la segunda , dividida en
ocho libros , se dá una cuenta

exâcta y circunstanciada de la
conquista que concibió y em-
prendió el intrépido corazon de
D. Francisco Pizarro, Marqués
de las Charcas y Atavillos , de
aquella dilatada y aguerrida monarquía, descubierta por el mismo pocos años antes, sin mas au-
xilios que los que le pudieron su-
ministrar D. Diego de Almagro,
y el Presbítero Hernando de Lu-
que , acompañado del valor de
trece compañeros tan solos: guerras civiles que introduxo la dis-
cordia entre Pizarristas y Alma-
gristas : sublebacion de algunos
tiranos y su castigo : hechos ya
heroycos, ya temerarios de algunos Españoles é Indios : emba-
xadas, ardides de guerra de unos
y otros : obstinacion en los combates , y acciones decisivas de
ambos partidos : fundacion de
algunas ciudades célebres y de
otros pueblos de menor nombre:
paz general de casi todo el im-

perio devida á la cordura y ma-
durez de un hombre de talento:
renuncia solemne que hizo en
Lima D. Diego Sayri-Tupac Inca en manos de D. Andres Hurtado de Mendoza , Marqués de
Cañete , Virey del Perú , de todos sus derechos á aquel imperio en la persona de Felipe II.
Rey de España , de gloriosa memoria , reservándose por su vida la soberanía de las provincias
de Villca-pampa , Tarma , Muyupampa, y Chunchos: con otras
cosas dignas de saberse, y de que
no es posible dar un analisis por
diminuto que sea.

He aquí la division del autor. Vamos á la que yo me tomo
la libertad de darle , asi por hacerse preciso á causa de la diversidad del tamaño , como por
parecerme mas regular , sin qué
altere su sustancia en la cosa
mas mínima.

Ante todas cosas , aunque se

contenta Garcilaso con dar á su
luminosa obra el humilde título de
Comentarios Reales de los Incas,
á mí me ha parecido, y no sin
fundamento, quadrarle mas bien
el de Historia general del Perú,
dexándole tambien el otro en segundo lugar. Digo que no sin
fundamento, porque si se dá el
nombre de historia á una relacion verdadera de sucesos y acciones célebres escrita con método y discernimiento ¿ por qué
no se le ha de dar á la que pu-
blicamos, reuniendo en sí quan-
tas circunstancias se exigen?

Esto supuesto, los cinco primeros tomitos de esta edicion,
titulada nuevamente Historia del
Perú, comprehenderán lo que el
autor llama primera parte, y los
restantes la segunda. La division de primera y segunda parte, la subdivision de cada parte
en libros, y la cansada recopi-
lacion de los capítulos que com-

*4

prehende cada libro , puestos al
principio de todos ellos , he tenido por conveniente suprimir,
porque siendo formalidades ar-
bitrarias é insustanciales , y solo autorizadas por la moda dominante de aquel tiempo , de
ninguna otra cosa sirve sino de
llenar papel de letras que no se
leen ; y en la edicion que pre-
sento era preciso causase desorden y confusion , ó que los to-
mos saliesen unos éticos, y otros
demasiado rollizos : pues hay li
bro que comprehende 44 capítulos bastante extensos , al paso
que otros solo incluyen 22 , y
muy cortos.

Tambien he sacado del lugar
que ocupa en la edicion citada
la vida del rebelde Inca Inti Cusi Titu Yupanqui , aumentada
por el Señor Cárdenas , reser-
vándola para el ultimo tomo,
pues siendo el postrero de los Incas , soberano ya destronado , y

solo reconocido por algunos pocos Indios montaraces, revolto-
sos y sanguinarios, parece que
naturalmente deberá ocupar un
lugar posterior en orden á su
rebelde antecesor y tio Tupac
Amaru con quien concluye su
historia Garcilaso.

En quanto á la ortografía
he procurado cuidadosamente ob-
servar las sabias leyes que jui-
ciosamente nos prescribe la Real
Academia de la Lengua Castellana; y puedo asegurar sin amor
propio que en esta parte lleva
mi edicion mucha ventaja á las
anteriores, como puede conven-
cerse el curioso que teniéndolas
todas se quiera tomar el molesto
trabajo de cotejarlas.

Tambien me he tomado la licencia de suavizar algunas voces poco conformes á nuestra pro-
sodia actual, y por consiguiente muy asperas y desagradables
á nuestros oidos; pero esto ha

sido con mucho tiento y econo-
mía , haciéndome cargo que el
mayor mérito de una pintura es
representarnos el original con
aquel mismo trage que entonces
se usaba, por ridículo, extrava-
gante y desaliñado que se figure
á nuestros ojos. Esta consideracion ni por un momento debe
perderse de vista en la historia,
pues es preciso sea verdadera en
un todo , hasta en darnos á co-
nocer perfectamente el lenguage
propio de los tiempos en que escribia el historiador.

Ya que he insinuado de paso
el mérito de la obra y su escasez,
y dado una sucinta idea de ella
y de esta edicion , no me parece
será fuera del caso decir algo de
su autor ; porque aunque casi
todas las noticias , que no haré
mas que apuntar , se hallan en
su historia , ó en el prólogo que
el Señor Cárdenas colocó al frente de la Florida del Inca , estan

tan exparcidas, que para reunir-
las baxo un punto de vista es
preciso sacar engorrosas apun-
taciones, y es raro el lector que
quiera á cada instante cortar el
hilo de una narracion que tiene
puesta su alma en una dulce sor-
presa para apuntar lo que halla.
Daré pues un sucinto extracto.

Este hombre grande á todas
luces, digno de perpetua memoria y de mejor fortuna nació el
año de 1539 en la imperial ciudad del Cuzco, ó Cozco como él
y todos los Indios de aquel tiempo le llamaron. Si con razon se
reputa por uno de los mayores
bienes que puede traer el hombre en su nacimiento deber su
existencia á padres esclarecidos,
puede gloriarse nuestro autor de
esta ventaja, pues el suyo, Garcilaso de la Vega, natural de
Badajoz, varon de gran prudencia, esforzado soldado y uno de
los conquistadores del Perú, fue

nieto del famoso Gomez Suarez
de Figueroa , primer Conde de
Feria , segundo nieto del escla-
recido Iñigo Lopez de Mondoza,
tronco de la casa de los Duques
del Infantado, y descendiente del
ínclito Garcia Perez de Vargas,
el mismo que ganó á los Arabes
la Ciudad de Sevilla. Su madre
fue Doña Isabel Coya , hija de
Huallpa Tapac , hermana de
Huascar Inca , ultimo soberano
de aquel imperio , á quien des-
pojó de él y juntamente de la vida su alevoso hermano el usur-
pador Atahuallpa , todos tres hijos de Huayna Capac, gran guer-
rero y hombre de mucho talento,
á pesar de haber cometido el
error de dividir el reyno entre
sus dos hijos , que fue la principal causa de su ruina.

Hijo de tan ilustres padres,
y firmemente persuadido de que
la virtud heredada sirve de muy
poco quando no se halla acriso-

lada con la adquirida , se empe-
ñó en imitar las de sus mayores,
purificadas ya con la sublime
moral evangélica ; y desde su
mas tierna infancia la carrera
militar fixó su esforzado corazon. El lamentable descuido de
aquellos tiempos nos oculta las
expediciones militares de este
jóven. Sabemos que á los veinte
años de edad , y veinte y ocho
despues de la conquista de aquella tierra vino á España aban-
donando todos sus intereses para
justificar la conducta de su padre , infamada injustamente por
sus émulos : sabemos que muy
luego la piedad de Felipe II. le
concedió una compañia , en la
que sirvió con mucha distincion
durante su glorioso reynado , y
tambien en el de su succesor Felipe III. : y sabemos finalmente
que en la misma clase de Capitan se halló comandando su compañia en la revelion del reyno

de Granada y en otras acciones
brillantes que á cada paso se
ofrecian en un tiempo en que no
cesaba la trompeta de llamar al
combate.

Pero no se piense que arras-
trado el jóven Garcilaso del bri-
llante resplandor del escudo de
Marte mirase con desprecio el
humilde vestido de Minerva (per-
mítaseme dar á la buena Diosa
el que me acomode sin respetar
la fábula). Aunque las ciencias
en aquel tiempo mereciesen poco aprecio en el Perú, pues aun
resonaba el ruido de las armas
homicidas, con todo desde las
primeras letras manifestó un ar-
diente deseo de aventajarse á sus
condiscípulos, y la ansia con
que devoraba el libro que podia
haber á las manos., era un feliz
anuncio de lo que con el tiempo
llegaria á ser este ilustre mesti-
zo. Vino á España, como se ha
dicho, á los veinte años de edad,

y su inclinacion á la lectura era preciso fuese en aumento. Su primer estudio lo consagró á la perfeccion de la Lengua Castellana por principios, pues la quechua ó de los Incas, dividida en muchos dialectos, aunque procuró cuidadosamente no echarla al olvido, como lo acredita en muchos pasages de su obra, declarando la verdadera y genuina significacion de algunas palabras indianas dudosas ó equívocas, con todo le podia ya servir de poco. No se contentó con saber perfectamente la lengua de su patria; la italiana, por su dulzura y por ser entonces la dominante en Europa fue la que mereció su preferencia. De ella traduxo al castellano los Diálogos de filosofia entre Philon y Sofia, obra escrita por Philon hebreo, cuya traducion dedicó á la magestad de Felipe II, quien la apreció de tal modo, que al tiempo de entregársela á su guarda-joyas le encargó la conservase con cuidado, y que no se le olvidase recordársela luego que llegase al Escorial.

Dueño de ambos idiomas, se entregó todo con la mayor constancia á la historia de su pais, y despues de haber leido con una crítica ímparcial y superior á la de aquel siglo todo lo que tenia relacion con el descubrimiento y conquista de las Indias occidentales, tomó á su cargo la empresa de darnos la Historia de la Florida, la que fue impresa por primera vez en Lisboa el año de 1609. Su asunto lo desempeñó con tal primor que, segun testimonio del Señor Cárdenas, ninguna cosa ha dexado que desear en materia tan escabrosa á otras plumas mas delicadas.

La historia de su imperio era la que por ultimo deseaba

transmitirnos; y aunque este em-
peño amedrentaria por muchas
razones á qualquiera otro que
no fuese Garcilaso , despues de
haber tomado quantos informes
le sugerió su insaciable sed de
saber , despues de haber leido
con reflexion y una crítica imparcial, á Zarate , Herrera , Cieza , Gomara , Ercilla, los Padres
Balera y Acosta , y á quantos se
ocuparon en referir los hechos de
los castellanos en aquella parte
del nuevo mundo, con no pequeñas equivocaciones , se resolvió
á poner en execucion su preme-
ditado pensamiento , consagran-
do á su feliz éxito la mayor parte de su vida, sin perdonar fatiga
alguna para que la verdad fuese el sencillo aunque principal
adorno de cada linea. En quanto
á su contenido y mérito ya se ha-
dado una sucinta idea; solo resta
añadir que esta obra fue impresa igualmente en Lisboa la prí-

mera vez el año de 1617, esto
es, uno despues de la muerte de
Garcilaso: que en ella se nos dan
las vidas y hechos memorables
de diez y siete Incas con inclu-
sion de Sayri Tupac, quienes se
succedieron por el espacio de casi 600 años, bien que algunos de
los últimos solo conservaron una
sombra de soberanía, y aun ésta precaria : que el autor dá al
imperio del Perú 1300 leguas de
largo, cuya extension no es la
misma en el dia, como se puede
ver en todas las geografias mo-
dernas que tratan del continente
de la América: y que lo que uni-
camente echamos menos en ella
es la cronología de los reynados
y de los sucesos memorables.

Cargado finalmente de virtudes, de años y de méritos litera-
rios y militares, murió este res-
petable escritor á los setenta y
siete de su edad en Córdoba, en
donde habia fixado su residencia

casi desde su venida á España.
Su cuerpo fue sepultado en la
Santa Iglesia Catedral de aquella ciudad en la Capilla llamada
de Garcilaso , y en su sepulcro
se colocaron dos lápidas negras
con el siguiente epitafio : epitafio que breve y completamente
comprueba quanto queda dicho.

»El Inca Garcilaso de la Ve-
»ga , varon insigne , digno de
»perpetua memoria , ilustre en
»sangre, períto en letras, valien-
»te en armas , hijo de Garcilaso
»de la Vega , de las casas de los
»Duques de Feria é Infantado,
»y de Elisabeth Palla , hermana
»de Huayna Capac , último em-
»perador de Indias , comentó la
»Florida , traduxo á Leon He-
»breo y compuso los Comentarios
»Reales. Vivió en Córdoba con
»mucha religion. Murió exem-
»plar. Dotó esta Capilla. Enter-
»róse en ella. Vinculó sus bie-
»nes al sufragio de las animas del

»Purgatorio. Son Patronos per-
»petuos los Señores Dean y Ca-
»bildo de esta Santa Iglesia.
»Falleció á XXII de Abril de
»M.DC.XVI.''

EL AUTOR AL LECTOR.

Aunque ha habido Españoles curiosos que han escrito las repúblicas del Nuevo Mundo, como la de México, la del Perú, y las de otros reynos de aquella gentilidad, no ha sido con la relacion entera que de ellos se pudiera dar: que lo he notado particularmente en las cosas que del Perú he visto escritas, de las quales, como natural de la ciudad del Cozco, que fue otra Roma en aquel Imperio, tengo mas larga y clara noticia que la que hasta ahora los escritores han dado. Verdad es que tocan muchas cosas de las muy grandes que aquella república tuvo; pero escribenlas tan cortamente, que aun las muy notorias para mí, de la manera que las dicen las entiendo mal. Por lo qual, forzado del amor natural de la pátria me ofrecí al trabajo de escribir estos Comentarios, donde clara y distintamente se ve-

✳✳

rán las cosas que en aquella república babia antes de los Españoles,
así en los ritos de su vana religion,
como en el gobierno que en paz y
en guerra sus reyes tuvieron, y todo lo demas que de aquellos Indios
se puede decir, dende lo mas infi-
mo del exercicio de los vasallos hasta lo mas alto de la corona real.
Escribimos solamente del Imperio
de los Incas, sin entrar en otras
monarquías; porque no tengo la noticia de ellas que de esta. En el
discurso de la historia protestamos
la verdad de ella, y que no dirémos cosa grande que no sea autori-
zandola con los mismos historiadores Españoles que la tocaron en
parte ó en todo: que mi intencion
no es contradecirles, sino servir-
les de comento y glosa, y de inter-
prete en muchos vocablos Indios que
como estrangeros en aquella lengua
interpretaron fuera de la propiedad de ella, segun que largamente se verá en el discurso de la historia, la qual ofrezco á la piedad
del que la leyere.

ADVERTENCIAS

Para que se entienda mejor lo que con el favor divino hubieremos de escribir en esta historia, porque en ella hemos de decir muchos nombres de la lengua general de los Indios del Perú, será bien dar algunas advertencias acerca de ella. La primera sea que tiene tres maneras diversas para pronunciar algunas sílabas, muy diferentes de como las pronuncia la lengua Española, en las quales pronunciaciones consisten las diferentes significaciones de un mismo vocablo: que unas sílabas se pronuncian en los labios, otras en el paladar, otras en lo interior de la garganta, como adelante darémos los exemplos donde se ofrecieren. Para acentuar las dicciones se advierta que tienen sus acentos casi siempre en la sílaba penúltima, pocas veces en la antepenúltima, y nunca jamás

** 2

en la última; esto es, no contra-
diciendo á los que dicen que las
dicciones bárbaras se han de acentuar en la última; que lo dicen por
no saber el lenguage. Tambien es
de advertir que en aquella lengua
general del Cozco, de quien es mi
intencion hablar, y no de las particulares de cada provincia, que
son innumerables, faltan las letras
siguientes b. d. f. g. j. jota, l sencilla no la hay, sino ll. duplicadas,
y al contrario, no hay pronunciacion de rr. duplicada en principio
de parte ni enmedio de la diccion,
sino que siempre se ha de pronunciar sencilla. Tampoco hay x., de
manera que del todo faltan seis letras del a, b, c, Español ó Castellano: y podrémos decir que faltan
ocho con la l sencilla y con la rr
duplicada: los Españoles añaden estas letras en perjuicio y corrupcion
del lenguage, y como los Indios no
las tienen, comunmente pronuncian mal las dicciones Españolas
que las tienen. Para atajar esta corrupcion me sea lícito, pues soy Indio, que en esta historia yo escri-

ba como Indio, con las mismas letras que aquellas tales dicciones se
deben escribir: y no se les haga de
mal á los que las leyeren ver la
novedad presente en contra del
mal uso introducido, que antes debe dar gusto leer aquellos nombres
en su propiedad y pureza. Y porque me conviene alegar muchas cosas de las que dicen los historiadores Españoles para comprobar las
que yo fuere diciendo, y porque
las he de sacar á la letra con su
corrupcion, como ellos las escri-
ben, quiero advertir, que no pa-
rezca que me contradigo escribiendo las letras que he dicho que no
tiene aquel lenguage, que no lo
hago sino por sacar fielmente lo que
el Español escribe. Tambien se debe advertir que no hay número plural en este general lenguage, aunque hay partículas que significan
pluralidad. Sirvense del singular
en ambos números. Si algun nombre Indio pusiere yo en plural, se
rá por la corrupcion Española, ó
por el buen adjetivar de las dicciones, que sonarian mal si escribie-

semos las dicciones Indias en singular, y los adjetivos ó relativos
castellanos en plural. Otras muchas
cosas tiene aquella lengua diferen-
tisimas de la castellana, italiana
y latina, las quales notaran los mes-
tizos y criollos curiosos pues son
de su lenguage, que yo harto hago en señalarles con el dedo desde
España los principios de su lengua
para que la sustenten en su pureza, que cierto es lastima que se
pierda o corrompa siendo una lengua tan galana, en la qual han
trabajado mucho los padres de la
compañía de Jesus, como las demas religiones, para saberla bien
hablar: y con su buen exemplo, que
es lo que mas importa, han apro-
vechado mucho en la doctrina de
los Indios. Tambien se advierta que
este nombre vecino se entendia
en el Perú por los Españoles que
tenian repartimiento de Indios: y
en ese sentido lo pondrémos siempre que se ofrezca. Asimismo es
de advertir que en mis tiempos,
que fueron hasta el año de 1560,
ni veinte años despues, no hubo

en mi tierra moneda labrada : en
lugar de ella se entendian los Españoles en el comprar y vender
pesando la plata y el oro por mar-
cos y onzas; y como en España
dicen ducados , decian en el Perú
pesos ó castellanos : cada peso de
plata ó de oro reducido à buena
ley valia quatrocientos y cincuenta maravedís. De manera que reducidos los pesos á ducados de castilla , cada cinco pesos son seis ducados. Decimos esto porque no cau-
se confusion el contar en esta historia por pesos y ducados. De la
cantidad del peso de la plata al peso del oro habia mucha diferencia
como en España la hay ; mas el
valor todo era uno. Al trocar del
oro por plata daban su interés de
tanto por ciento. Tambien habia
interés al trocar de la plata ensa-
yada por la plata que llaman cor-
riente , que era la por ensayar.

Este nombre Galpon no es de
la lengua general del Perú, debe
de ser de las islas de Barlovento:
los Españoles lo han introducido
en su lenguage, con otros muchos

que se notarán en la historia. Quiere decir sala grande. Los reyes Incas las tuvieron tan grandes que
servian de plaza para hacer sus
fiestas en ellas quando el tiempo
era llovioso y no daba lugar á que
se hiciesen en las plazas ; y baste
esto de advertencias.

HISTORIA

GENERAL

DEL PERÚ.

CAPÍTULO PRIMERO.

*Si hay muchos mundos. Trátase de
las cinco zonas.*

Habiendo de tratar del Nuevo Mundo, ó de la mejor y mas
principal parte suya, que son los
reynos y provincias del Imperio
llamado Perú, de cuyas antiguallas y origen de sus Reyes pretendemos escribir, paresce que fuera justo, conforme á la comun costumbre de los escritores, tratar
aquí al principio, si el Mundo es

TOMO I.   A

uno solo, ó si hay muchos Mundos, si es llano ó redondo, y si tambien lo es el cielo redondo ó llano. Si es habitable toda la tierra, ó no mas de las zonas templadas: si hay paso de la una templada á la otra: si hay antípodas, y quales son; de quales y otras cosas semejantes los antiguos Filósofos muy larga y curiosamente trataron, y los modernos no dexan de platicar y escribir, siguiendo cada qual opinion que mas le agrada. Mas porque no es aqueste mi principal intento, ni las fuerzas de un Indio pueden presumir tanto; y tambien porque la experiencia, despues que se descubrió lo que llaman Nuevo Mundo, nos ha desengañado de la mayor parte de estas dudas, pasarémos brevemente por ellas, por ir á otra parte, á cuyos términos finales temo no llegar; mas confiado en la infinita

misericordia, digo, que á lo primero se podrá afirmar que no hay
mas que un mundo, y aunque llamamos Mundo Viejo y Mundo
Nuevo, es por haberse descubierto éste nuevamente para nosotros,
y no porque sean dos sino todo uno.
Y á los que todavia imaginaren que
hay muchos mundos, no hay para
qué responderles sino que se esten en sus heréticas imaginaciones,
hasta que en el infierno se desen-
gañen de ellas. Y á los que dudan,
si hay alguno que lo dude, si es
llano ó redondo, se podrá satisfa-
cer con el testimonio de los que
han dado vuelta á todo él, ó á la
mayor parte, como los de la nao
Victoria y otros que despues acá
le han rodeado. Y á lo del cielo si
tambien es llano ó redondo, se podrá responder con las palabras del
Real Profeta: *Extendens cœlum,*
sicut pellem; en las quales nos qui-

A 2

so mostrar la forma y hechura de
la obra, dando la una por exemplo
de la otra, diciendo: que esten-
diste el cielo así como la piel: esto es, cubriendo con el cielo este
gran cuerpo de los quatro elementos en redondo, así como cubriste
con la piel en redondo el cuerpo
del animal, no solamente lo principal de él, mas tambien todas sus
partes por pequeñas que sean. A
los que afirman que de las cinco
partes del mundo, que llaman zonas, no son habitables mas de las
dos templadas, y que la del medio por su excesivo calor, y las
dos de los cabos por el demasiado
frio son inhabitables; y que de la
una zona habitable no se puede pasar á la otra habitable, por el calor demasiado que hay en medio:
puedo afirmar, demas de lo que todos saben, que yo nascí en la torrida zona, que es en el Cozco, y me

crié en ella hasta los veinte años,
y he estado en la otra zona templada de la otra parte del trópi-
co de capricornu á la parte del sur
en los últimos términos de los Charcas , que son los Chichas , y para
venir á estotra templada de la parte del norte , donde escribo esto,
pasé por la torrida zona , y la atra-
vesé toda , y estuve tres dias naturales debaxo de la linea equinocial , donde dicen que pasa perpen-
dicularmente, que es en el Cabo de
Pasau : por todo lo qual digo , que
es habitable la torrida tambien como las templadas. De las zonas frias
quisiera poder decir por vista de
ojos como de las otras tres : re-
mítome á los que saben de ellas
mas que yo. A lo que dicen que
por su mucha frialdad son inhabitables , osaré decir con los que tienen lo contrario , que tembien son
habitables como las demas ; porque

en buena consideracion , no es de
imaginar, quanto mas de creer, que
partes tan grandes del mundo las
hiciese Dios inútiles , habiéndolo
criado todo para que lo habitasen
los hombres; y que se engañan los
antiguos en lo que dicen de las
dos zonas frias , tambien como se
engañaron en lo que dixeron de
la torrida , que era inhabitable por
su mucho calor. Antes se debe
creer , que el Señor , como padre
sabio y poderoso , y la naturaleza,
como madre universal y piadosa,
hubiesen remediado los inconvenientes de la frialdad con templan-
za de calor , como remediaron el
demasiado calor de la torrida zona
con tantas nieves , fuentes , rios y
lagos como en el Perú se hallan,
que la hacen templada de tanta variedad de temples ; unas que declinan á calor y á mas calor , hasta
llega. á regiones tan baxas , y por

ende tan calientes , que por su mucho calor son casi inhabitables, como dixeron los antiguos de ella:
Otras regiones que declinan á frio
y mas frio , hasta subir á partes tan
altas , que tambien llegan á ser inhabitables por la mucha frialdad de
la nieve perpetua que sobre sí tienen , en contra de lo que de esta
torrida zona los Filósofos dixeron,
que no imaginaron jamas que en
ella pudiese haber nieve , habiéndola perpetua debaxo de la misma
linea equinocial sin menguar jamas
ni mucho ni poco; á lo menos en
la cordillera grande , sino es en las
faldas ó puertos de ella. Y es de
saber que en la torrida zona en
lo que de ella alcanza el Perú , no
consiste el calor ni el frio en distancia de regiones, ni en estar mas
lejos ni mas cerca de la equinocial,
sino en estar mas alto ó mas baxo
en una misma region , y en muy

poca distancia de tierra, como adelante se dirá mas largo. Digo, pues,
que á esta semejanza se puede creer
que tambien las zonas frias esten
templadas , y sean habitables como
lo tienen muchos graves autores,
aunque no por vista y experiencia;
pero basta haberlo dado á entender
así el mismo Dios quando crió al
hombre y le dixo: creced y mul-
tiplicad, hinchid la tierra y sojuz-
gadla : por donde se vé que es habitable; porque sino lo fuera, ni
se podia sojuzgar ni llenar de habitaciones. Yo espero en su Omni-
potencia que á su tiempo descu-
brirá estos secretos, como descu-
brio el Nuevo Mundo , para mayor
confusion y afrenta de los atrevi-
dos , que con sus filosofias naturales y entendimientos humanos
quieren tasar la potencia y sabidu-
ria de Dios , que no pueda hacer
sus obras mas de como ellos las ima-

ginan , habiendo tanta disparidad
del un saber al otro, quanta hay de
lo finito á lo infinito.

CAPÍTULO II.

Si hay antípodas.

A lo que se dice si hay antípodas ó no , se podrá decir que siendo el mundo redondo, como es notorio , cierto es que los hay. Empero tengo para mí que por no
estar este mundo inferior descubierto del todo , no se puede saber
de cierto quales provincias sean
antipodas de quales , como algunos
lo afirman; lo qual se podrá certificar mas ayna , respecto del cielo
que no de la tierra , como los po-
los el uno del otro , y el oriente
del poniente , donde quiera que lo
es por la equinocial. Por donde hayan pasado aquellas gentes tantas y
de tan diversas lenguas y costumbres como las que en el Nuevo

A 3

Mundo se han hallado, tampoco se
sabe de cierto; por que si dicen por
la mar en navios, nascen inconvenientes acerca de los animales que
allá se hallan, sobre decir cómo ó
para qué los embarcaron, siendo
algunos de ellos antes dañosos que
provechosos. Pues decir que pudieron ir por tierra, tambien nascen otros inconvenientes mayores,
como es decir, que si llevaron los
animales que allá tenian domésti-
cos ¿por qué no llevaron de los
que acá quedaron que se han lle-
vado despues? y si fue por no poder llevar tantos ¿cómo no quedaron acá de los que llevaron? y
lo mismo se puede decir de las
mieses, legumbres y frutas tan
diferentes de las de acá, que con
razon le llamaron Nuevo Mundo:
porque lo es en toda cosa, así en
los animales mansos y bravos, como en lás comidas, como en los

hombres , que generalmente son lampiños sin barbas; y porque en cosas tan inciertas es perdido el trabajo que se gasta en quererlas saber, las dexaré: porque tengo menos suficiencia que otro para inquirirlas: solamente trataré del origen de los Reyes Incas y de la sucesion de ellos , sus conquistas , leyes y gobierno en paz y en guerra ; y antes que tratemos de ellos, será bien digamos como se descubrió este Nuevo Mundo , y luego tratarémos del Perú en particular.

CAPÍTULO III.

Cómo se descubrió el Nuevo Mundo.

Cerca del año de mil quatrocientos ochenta y quatro , uno mas ó menos , un piloto natural de la villa de Huelva, en el condado de Niebla , llamado Alonso Sanchez de Huelva , tenia un navio peque-

A 4

ño con el qual contrataba por la
mar, y llevaba de España á las Canarias algunas mercaderias que allí
se le vendian bien; y de las Canarias cargaba de los frutos de aquellas islas, y las llevaba á la isla de
la Madera, y de allí se volvia á
España cargado de azucar y con-
servas. Andando en esta su trian-
gular contratacion, atravesando de
las Canarias á la isla de la Madera, le dió un temporal tan recio y
tempestuoso, que no pudiendo re-
sistirle se dexó llevar de la tormenta, y corrió veinte y ocho ó veinte y nueve dias sin saber por donde ni á donde; porque en todo este tiempo no pudo tomar el altura
por el sol ni por norte. Padescieron
los del navio grandísimo trabajo en
la tormenta, porque ni les dexaba
comer ni dormir: al cabo de este
largo tiempo se aplacó el viento,
y se hallaron cerca de una isla; no

se sabe de cierto qual fue, mas de
que se sospecha que fue la que ahora llaman Santo Domingo; y es de
mucha consideracion , que el viento que con tanta violencia y tormenta llevó aquel navio , no pudo
ser otro sino el solano, que llaman
leste , porque la isla de Santo Domingo está al poniente de las Canarias ; el qual viento en aquel viage antes aplaca las tormentas que
las levanta. Mas el Señor todo poderoso, quando quiere hacer mise-
ricordias, saca las mas misteriosas y
necesarias de causas contrarias , como sacó el agua del pedernal , y la
vista del ciego del lodo que le puso en los ojos , para que notoria-
mente se muestren ser obras de la
miseracion y bondad Divina , que
tambien usó de esta su piedad para enviar su Evangelio y luz verdadera á todo el Nuevo Mundo,
que tanta necesidad tenia de ella;

pues vivian, ó por mejor decir, pe-
rescian en las tinieblas de la gentilidad é idolatría tan bárbara y bes-
tial, como en el discurso de la historia veremos. El piloto saltó en
tierra, tomó el altura, y escribió
por menudo todo lo que vió y lo
que le sucedió por la mar á ida y á
vuelta; y habiendo tomado agua y
leña, se volvió á tiento sin saber
el viage tampoco á la venida como
á la ida; por lo qual gastó mas
tiempo del que le convenia, y por
la dilacion del camino les faltó el
agua y el bastimento; de cuya causa, y por el mucho trabajo que á
ida y venida habian padescido, em-
pezaron á enfermar y morir de tal
manera, que de diez y siete hombres que salieron de España no llegaron á la Tercera mas de cinco,
y entre ellos el piloto Alonso Sanchez de Huelva. Fueron á parar á
casa del famoso Christobal Colon,

ginovés , porque supieron que era
gran piloto y cosmógrafo , y que
hacia cartas de marear. El qual los
recibió con mucho amor , y les hizo todo regalo por saber cosas acae-
cidas en tan estraño y largo naufragio , como el que decian haber
padescido. Y como llegaron tan des-
caecidos del trabajo pasado , por
mucho que Christobal Colon les re-
galó , no pudieron volver en sí , y
murieron todos en su casa , dexándole en herencia los trabajos que
les causaron la muerte : los quales
aceptó el gran Colon con tanto ánimo y esfuerzo , que habiendo sufrido otros tan grandes y aun mayores, pues duraron mas tiempo, salió con la empresa de dar el Nuevo
Mundo y sus riquezas á España,
como lo puso por blason en sus armas , diciendo: *á Castilla y á Leon,
Nuevo Mundo dió Colon*. Quien
quisiere ver las grandes hazañas

de este varon, lea la Historia General de las Indias que Francisco Lopez de Gomara escribió, que allí las hallará aunque abreviadas; pero lo que mas loa y engrandesce á este famoso sobre los famosos, es la misma obra de esta conquista y descubrimiento. Yo quise añadir esto poco que faltó de la relacion de aquel antiguo historiador, que como escribió lejos de donde acaecieron estas cosas, y la relacion se la daban yentes y vinientes, le dixeron muchas cosas de las que pasaron, pero imperfectas, y yo las oí en mi tierra á mi padre y á sus comtemporáneos, que en aquellos tiempos la mayor y mas ordinaria conversacion que tenian, era repetir las cosas mas hazañosas y notables que en sus conquistas habian acaescido: donde contaban la que hemos dicho, y otras que adelante dirémos, que como alcanza-

ron á muchos de los primeros descubridores y conquistadores del
Nuevo Mundo, hubieron de ellos
la entera relacion de semejantes
cosas, y yo, como digo, las oí á
mis mayores aunque, como mu-
chacho, con poca atencion, que si
entónces la tuviera, pudiera ahora escribir otras muchas cosas de
grande admiracion, necesarias en
esta historia : diré las que hubiere guardado la memoria con dolor
de las que ha perdido. El M. R.
P. Josef de Acosta toca tambien
esta historia del descubrimiento
del Nuevo Mundo, con pena de
no poderla dar entera, que tambien faltó á su paternidad parte de
la relacion en este paso, como en
otros mas modernos, porque se
habian acabado ya los conquistadores antiguos, quando pasó á
aquellas partes, sobre lo qual dice estas palabras, libro primero,

capítulo diez y nueve : »Habiendo
mostrado que no lleva camino pen-
sar que los primeros moradores de
Indias hayan venido á ellas con navegacion hecha para este fin , bien
se sigue, que si vinieron por mar,
haya sido acaso y por fuerza de
tormentas el haber llegado á Indias; lo qual por inmenso que sea
el mar océano no es cosa increible.
Porque pues así sucedió en el descubrimiento de nuestros tiempos,
quando aquel marinero, cuyo nombre aun no sabemos , para que ne-
gocio tan grande no se atribuya á
otro autor sino á Dios , habiendo
por un terrible é importuno temporal, reconoscido el Nuevo Mundo,
dexó por paga del buen hospedage
á Christobal Colon la noticia de
cosa tan grande. Así pudo ser, &c.
Hasta aquí es del P. M. Acosta, sacado á la letra , donde muestra
haber hallado en el Perú parte de

nuestra relacion , y aunque no toda , pero lo mas esencial de ella.
Este fue el primer principio y origen del descubrimiento del Nuevo Mundo , de la qual grandeza
podia loarse la pequeña villa de
Huelva que tal hijo crió , de cuya relacion , certificado Christobal
Colon , insistió tanto en su demanda , prometiendo cosas nunca
vistas ni oidas , guardando como
hombre prudente el secreto de
ellas , aunque debaxo de confian-
za dió cuenta á algunas personas
de mucha autoridad , acerca de
los Reyes Catolicos que le ayu-
daron á salir con su empresa , que
sino fuera por esta noticia que
Alonso Sanchez de Huelva le dió,
no pudiera de sola su imaginacion
de cosmografia prometer tanto y
tan certificado como prometió , ni
salir tan presto con la empresa del
descubrimiento ; pues segun aquel

autor, no tardó Colon mas de sesenta y ocho dias en el viage hasta la Isla Guanatianico, con dete-
nerse algunos dias en la Gomera á
tomar refresco, que sino supiera
por la relacion de Alonso Sanchez
qué rumbos habia de tomar en un
mar tan grande, era casi milagro
haber ido allá en tan breve tiempo.

CAPÍTULO IV.

Deducion del nombre Perú.

Pues hemos de tratar del Perú, será bien digamos aquí cómo se deduxo este nombre no lo teniendo los
Indios en su lenguage; para lo qual
es de saber, que habiendo descubierto la mar del sur Vasco Nuñez
de Balboa, caballero natural de Xe-
rez de Badajoz, año de mil quinientos y trece, que fue el primer Español que la descubrió y vió, y
habiéndole dado los Reyes Católi-

cos título de Adelantado de aquella
mar, con la conquista y gobierno de
los reynos que por ella descubriese.
En los pocos años que despues de
esta merced vivió, hasta que su proprio suegro, el Gobernador Pedro
Arias de Avila, en lugar de muchas mercedes que habia meresci-
do, y se le debian por sus hazañas, le cortó la cabeza, tuvo este
caballero cuidado de descubrir y
saber qué tierra era, y cómo se
llamaba la que corre de Panamá
adelante hácia el sur. Para este
efecto hizo tres ó quatro navios,
los quales mientras él aderezaba las
cosas necesarias para su descubrimiento y conquista, enviaba cada
uno de por sí en diversos tiempos
del año á descubrir aquella costa.
Los navios, habiendo hecho las di-
ligencias que podian, volvian con
la relacion de muchas tierras que
hay por aquella ribera. Un navío

de estos subió mas que los otros,
y pasó la linea equinocial á la parte del sur , y cerca de ella , navegando costa á costa, como se navegaba entónces por aquel viage, vió
un Indio que á la boca de un rio,
de muchos que por toda aquella
tierra entran en la mar, estaba pes-
cando. Los Españoles del navio,
con todo el recato posible , echa-
ron en tierra, lejos de donde el Indio estaba , quatro Españoles grandes corredores y nadadores , para
que no se les fuese por tierra ni
por agua. Hecha esta diligencia, pasaron con el navio por delante del
Indio para que pusiese los ojos en
él , y se descuidase de la celada
que le dexaban armada. El Indio,
viendo en la mar una cosa tan ex-
traña , nunca jamas vista en aquella costa , como era navegar un navio á todas velas, se admiró grandemente , y quedó pasmado y abo-

bado; imaginando qué pudiese ser
aquello que en la mar veia delante
de sí; y tanto se embebeció y ena-
genó en este pensamiento, que primero lo tuvieron abrazado los que
le iban á prender que él los sin-
tiese llegar; y así lo llevaron al
navio con mucha fiesta y regocijo
de todos ellos. Los Españoles, habiéndole acariciado porque perdiese el miedo que de verlos con barbas y en diferente trage que el
suyo habia cobrado, le pregunta-
ron por señas y por palabras qué
tierra era aquella, y cómo se llamaba. El Indio, por los ademanes
y meneos que con manos y rostro
le hacian como á un mudo, entendia que le preguntaban, mas no
entendia lo que le preguntaban; y
á lo que entendió que era el pre-
guntarle, respondió apriesa antes que le hiciesen algun mal y
nombró su propio nombre diciendo

Berú, y añadió otro y dixo Pelú.
Quiso decir, si me preguntais como me llamo, yo me digo Berú;
y si me preguntais donde estaba,
digo que estaba en el rio : porque
es de saber que el nombre Pelú en
el lenguage de aquella provincia es
nombre apelativo, y significa rió
en comun, como luego veremos en
un autor grave. A otra semejante pregunta respondió el Indio de
nuestra historia de la Florida con
el nombre de su amo, diciendo bre-
zos y bredos, lib. 6. cap. 15. donde yo habia puesto este paso á propósito del otro, de allí lo quité
por ponerlo ahora en su lugar. Los
christianos entendieron conforme á
su deseo, imaginando que el Indio
les habia entendido y respondido á
propósito, como si él y ellos hubieran hablado en castellano, y desde aquel tiempo, que fue el año
de mil quinientos quince ó diez y

seis , llamaron Perú aquel riquísimo y grande Imperio , corrompiendo ambos nombres , como corrompen los Españoles casi todos
los vocablos que toman del lenguage de los Indios de aquella tierra;
porque si tomaron el nombre del
Indio Berú , trocaron la B. por la
P. , y si el nombre Pelú , que significa rio , trocaron la L. por la R,
y de la una manera ó de la otra
dixeron Perú. Otros que presu-
men de mas repulidos , y son los
mas modernos , corrompen dos letras y en sus historias dicen Pirú.
Los historiadores mas antiguos, como son Pedro de Cieza de Leon , el
Contador Agustin de Zarate , Francisco Lopez de Gomara, Diego Fer-
nandez , natural de Palencia , y
aún el M. R. P. Fr. Gerónimo Roman , con ser de los modernos,
todos le llaman Perú y no Pirú ; y
como aquel parage donde esto su-

cedió acertase á ser término de la
tierra que los reyes Incas tenian
por aquella parte conquistada y su-
jeta á su Imperio, llamaron despues Perú á todo lo que hay desde allí, que es el parage de Quitu, hasta los Charcas, que fue lo
mas principal que ellos señorearon,
y son mas de setecientas leguas de
largo, aunque su Imperio pasaba
hasta Chile, que son otras quinientas leguas mas adelante, y es otro
muy rico y fertilísimo reyno.

CAPÍTULO V.

Autoridades en confirmacion del nombre Perú.

Este es el principio y origen del
nombre Perú, tan famoso en el
mundo, y con razon famoso, pues á
todo él ha llenado de oro y plata,
de perlas y piedras preciosas; y
por haber sido así impuesto acaso,

los Indios naturales del Perú , aunque ha sesenta y dos años que se
conquistó , no toman este nombre
en la boca, como nombre nunca por
ellos impuesto; y aunque por la
comunicacion de los Españoles entienden ya lo que quiere decir,
ellos no usan de él , porque en su
lenguage no tuvieron nombre genérico para nombrar en junto los
reynos y provincias que sus reyes naturales señorearon , como
decir España, Italia ó Francia, que
contiene en sí muchas Provincias.
Supieron nombrar cada provincia
por su proprio nombre , como se
verá largamente en el discurso de
la historia ; empero nombre proprio que significase todo el reyno
junto no lo tuvieron; llamábanle Ta-
vantin suyu , que quiere decir las
quatro partes del mundo. El nombre Berú , como se ha visto , fue
nombre proprio de un Indio , y es

nombre de los que usaban entre
los Indios Yuncas de los llanos y
costa de la mar , y no en los de
la sierra ni del general lenguage:
que como en España hay nómbres
y apellidos que ellos mismos dicen de qué provincia son , así los
habia entre los Indios del Perú:
Que haya sido nombre impuesto
por los Españoles , y que no lo tenian los Indios en su lenguage comun , lo da á entender Pedro de
Cieza de Leon en tres partes., en
el capítulo tercero, hablando de la
isla llamada Gorgona dice: aquí es-
tuvo el Marques Don Francisco Pizarro con trece christianos Españoles compañeros suyos , que fueron los descubridores de esta tierra que llamamos Perú , &c. En el
capítulo trece dice : por lo qual será necesario que desde el Quito,
que es donde verdaderamente co-
mienza lo que llamamos Perú &c:

capítulo diez y ocho, dice : por
las relaciones que los Indios del
Cuzco nos dan, se colige que habia antiguamente gran desorden en
todas las provincias de este reyno,
que nosotros llamamos Perú , &c.
Decirlo tantas veces por este mismo término, llamamos, es dar á
entender que los Españoles se lo
llaman, porque lo dice hablando
con ellos, y que los Indios no tenian tal diccion en su general lenguage, de lo qual, yo como Indio
Inca, doy fe de ello. Lo mismo, y
mucho mas dice el P. M. Acosta
en el libro primero de la historia
natural de Indias, capítulo trece,
donde, hablando en el mismo propósito, dice: ha sido costumbre muy
ordinaria en estos descubrimientos
del Nuevo Mundo, poner nombres
á las tierras y puertos de la ocasion
que se les ofrecia, y así se entiende haber pasado en nombrar á este

reyno Pirú. Acá es opinion, que de un rio en que á los principios dieron los Españoles, llamado por los naturales Pirú, intitularon toda esta tierra Pirú: y es argumento de esto, que los Indios naturales del Pirú ni usan ni saben tal nombre de su tierra &c. Bastará la autoridad de tal varon para confundir las novedades que despues acá se han inventado sobre este nombre, que adelante tocarémos algunas. Y porque el rio que los Españoles llaman Perú está en el mismo parage y muy cerca de la equinocial, osaria afirmar que el hecho de prender al Indio hubiese sido en él, y que tambien el rio como la tierra, hubiese participado del nombre proprio del Indio Berú: ó que el nombre Pelú, apelativo, que era comun de todos los rios, se le convirtiese en nombre proprio particular, con el

qual le nombran despues acá los
Españoles, dándoselo en particular
á él solo, diciendo el rio Perú.

Francisco Lopez de Gomara,
en su Historia general de las Indias , hablando del descubrimiento
de Yucatan , capítulo cincuenta y
dos, pone dos deduciones de nombres muy semejantes á la que hemos dicho del Perú , y por serlo
tanto las saqué aquí como él lo
dice, que es lo que se sigue. Par-
tióse, pues, Francisco Hernandez
de Cordoba, y con tiempo que no
le dexó ir á otro cabo , ó con voluntad que llevaba á descubrir, fue
á dar consigo en tierra no sabida
ni hollada de los nuestros, do hay
unas salinas en una punta que llamó de las mugeres, por haber allí
torres de piedras con gradas y ca-
pillas cubiertas de madera y paja, en que por gentil órden estaban puestos muchos Idolos que pa-

recian mugeres. Maravilláronse los
Españoles de ver edificio de piedra ; que hasta entónces no se habia visto , y que la gente vistiese
tan rica y lucidamente : ca tenian
camisetas , y mantas de algodon
blancas y de colores : plumages,
cercillos , bronchas y joyas de oro
y plata; y las mugeres cubiertas
pecho y cabeza. No paró allí sino
fuese á otra punta que llamó de Cotoche , donde andaban unos pesca-
dores que de miedo ó espanto se
retiraron en tierra, y que respondian cotoche , cotoche, que quiere decir casa , pensando que les
preguntaban por el lugar para ir
allá. De aquí se le quedó este nombre al cabo de aquella tierra. Un
poco mas adelante hallaron ciertos
hombres que preguntados cómo se
llamaba un gran pueblo allí cerca,
dixeron tectetan , tectetan , que
vale por no te entiendo. Pensaron

los Españoles que se llamaba así,
y corrompiendo el vocablo, llamaron siempre Yucatan, y nunca se
le caerá tal nombradia. Hasta aquí
es de Francisco Lopez de Gomara
sacado á la letra; de manera que
en otras muchas partes de las Indias ha acaecido lo que en el Perú , que han dado por nombres á
las tierras que descubrian, los primeros vocablos que oian á los Indios quando les hablaban, y preguntaban por los nombres de las tales tierras , no entendiendo la significacion de los vocablos, sino imaginando que el Indio respondia á
propósito de lo que le preguntaban,
como si todos hablaran un mismo
lenguage. Y este yerro hubo en
otras muchas cosas de aquel Nuevo
Mundo , y en particular en nuestro
Imperio del Perú, como se podrá notar en muchos pasos de la historia.

CAPÍTULO VI.

Lo que dice un autor acerca del nombre Perú.

Sin lo que Pedro de Cieza, el P. Joseph de Acosta, y Gomara dicen acerca del nombre Perú, se me ofrece la autoridad de otro insigne varon, Religioso de la Compañía de Jesus, llamado el P. Blas Valera, que escribia la historia de aquel Imperio en elegantísimo latin, y pudiera escribirla en muchas lenguas, porque tuvo don de ellas: mas por la desdicha de aquella mi tierra, que no mereció que su república quedara escrita de tal mano, se perdieron sus papeles en la ruina y saco de Cadiz, que los Ingleses hicieron año de mil quinientos noventa y seis, y él murió poco despues. Yo hube del saco las reliquias que de sus papeles

quedaron, para mayor dolor y lastima de los que se perdieron, que
se sacan por los que se hallaron.
Quedaron tan destrozados, que falta lo mas y mejor: hizome merced
de ellos el P. M. Pedro Maldona-
do de Saavedra, natural de Sevilla, de la misma Religion, que en
este año de mil seiscientos lee Escritura en esta ciudad de Cordoba.
El P. Valera, en la denominacion
del nombre Perú, dice en su ga-
lano latin lo que se sigue, que yo
como Indio, traduxe en mi tosco
romance. El reyno del Perú, ilustre, famoso y muy grande, donde hay mucha cantidad de oro y
plata, y otros metales ricos, de
cuya abundancia nasció el refran
que para decir que un hombre es
rico, dicen posee el Perú. Este
nombre fue nuevamente impuesto
por los Españoles á aquel Imperio
de los Incas, nombre puesto acaso

B 4

y no proprio , y por tanto de los
Indios no conocido , antes por ser
bárbaro tan aborrecido , que ninguno de ellos lo quiere usar , solamente lo usan los Españoles. La
nueva imposicion de él no significa riquezas ni otra cosa grande:
y como la imposicion del vocablo fue nueva , así tambien lo fue
la significacion de las riquezas ;
porque procedieron de la felicidad
de los sucesos. Este nombre Pelú
entre los Indios bárbaros que ha-
bitan entre Panamá y Huayaquil,
es nombre apelativo que significa
rio. Tambien es nombre proprio de
cierta Isla que se llama Pelua , ó
Petu. Pues como los primeros conquistadores Españoles , navegando
desde Panamá , llegasen á aquellos
lugares primero que á otros , les
agradó tanto aquel nombre Perú , ó
Pelua , que como si significara alguna cosa grande y señalada , lo

abrazaron para nombrar con él qualquiera otra cosa que hallasen , como lo hicieron en llamar Perú á
todo el Imperio de los Incas. Muchos huvo que no se agradaron del
nombre Perú , y por ende le llamaron la nueva Castilla. Estos dos
nombres impusieron á aquel gran
reyno , y los usan de ordinario los
escribanos reales y notarios ecle-
siásticos ; aunque en Europa y en
otros reynos anteponen el nombre
Perú al otro. Tambien afirman muchos que se deduxo de este nombre Pirva , que es vocablo del Cozco de los Quechuas , significa oron,
en que encierran los frutos. La
sentencia de estos apruebo de muy
buena gana, porque en aquel reyno tienen los Indios gran número
de orones para guardar sus cose-
chas ; por esta causa fue á los Españoles fácil usar de aquel nombre
ageno y decir Pirú , quitándole la

última vocal, y pasando el acento á la última sílava. Este nombre, dos veces apelativo, pusieron
los primeros conquistadores por
nombre propio al Imperio que conquistaron; é yo usaré de él sin ninguna diferencia diciendo Perú ó Pirú. La introducion de este vocablo
nuevo no se debe repudiar por
decir que lo usurpáron falsamente
y sin acuerdo; que los Españoles
no hallaron otro nombre genérico
y propio que imponer á toda aquella region, porque antes del reynado de los Incas, cada provincia
tenia su propio nombre como Char-
ca, Colla, Cozco, Rimac, Quitu
y otras muchas, sin atencion ni
respeto á las otras regiones: mas
despues que los Incas sojuzgaron
todo aquel Reyno á su Imperio,
le fueron llamando conforme al orden de las conquistas, y al suje-
tarse y rendirse los vasallos, y al

cabo se llamaron Tahuantin suyu,
esto es, las quatro partes del Reyno, ó Incap Runam, que es vasallos del Inca. Los Españoles ad-
virtiendo la variedad y confusion
de estos nombres, le llamaron prudente y discretamente Perú, ó la
nueva Castilla, &c. Hasta aquí es
del P. Blas Valera, el qual tambien como el P. Acosta, dice haber sido nombre impuesto por los
Españoles, y que no lo tenian los
Indios en su lenguage. Declarando yo lo que el P. Blas Valera dice, digo que es mas verisimil que
la imposicion del nombre Perú na-
ciese del nombre propio Berú, ó
del apelativo Pelú, que en el lenguage de aquella provincia significa rio, que no del nombre Pirua,
que significa oron, porque como
se ha dicho lo impusieran los de
Vasco Nuñez de Balboa, que no
entraron la tierra adentro para te-

ner noticia del nombre Pirua , y
no los conquistadores del Perú, porque quince años antes que ellos
fueran á la conquista, llamaban Perú los Españoles que vivian en Panamá á toda aquella tierra que
corre desde la equinocial al mediodia; lo qual tambien lo certifica
Francisco Lopez de Gomara en la
historia de las Indias , capítulo
ciento y diez, donde dice estas palabras: Algunos dicen que Balboa
tuvo relacion de como aquella tierra del Perú tenia oro y esmeraldas,
sea así ó no sea , es cierto que habia en Panamá gran fama del Perú
quando Pizarro y Almagro arma-
ron para ir allá, &c. Hasta aquí es
de Gomara , de donde consta claro que la imposicion del nombre
Perú fue mucho antes que la ida
de los conquistadores que ganaron aquel Imperio.

CAPÍTULO VII.

Otras deduciones de nombres nuevos.

Porque la deducion del nombre Perú no quede sola, digamos de otras semejantes que se hicieron antes y despues de ésta, que aunque las anticipemos, no estará mal que estén dichas para quando lleguemos á sus lugares, y sea la primera la de puerto Viejo, porque fue cerca de donde se hizo la del Perú. Para lo qual es de saber que desde Panamá á la ciudad de los Reyes se navegaba con grande trabajo por las muchas corrientes de la mar, y por el viento sur que corre siempre en aquella costa: por lo qual los navios en aquel viage eran forzados á salir del puerto con un bordo de treinta ó quarenta leguas

á la mar, y volver con otro á tierra; y de esta manera iban subiendo la costa arriba, navegando siempre á la bolina; y acaecia muchas
veces, quando el navio no era buen
velero de la bolina, caer mas atrás
de donde habia salido, hasta que
Francisco Drac, inglés, entrando
por el estrecho de Magallanes, año
de mil quinientos setenta y nueve,
enseñó mejor manera de navegar,
alargándose con los bordos docien-
tas y trecientas leguas la mar adentro, lo qual antes no osaban hacer
los pilotos; porque sin saber de
qué ni de quien, sino de sus imaginaciones, estaban persuadidos y
temerosos, que apartados de tierra
cien leguas, habia en la mar gran-
dísimas calmas, y por no caer en
ellas no osaban engolfarse mucho
adentro: por el qual miedo se hubiera de perder nuestro navio quando yo vine á España, porque con

una brisa decayó hasta la isla llamada Gorgona, donde temimos perecer sin poder salir de aquel mal seno. Navegando, pues, un navio de la manera que hemos dicho á los principios de la conquista del Perú, y habiendo salido de aquel puerto á la mar con los bordos seis ó siete veces, y volviendo siempre al mismo puerto porque no podia arribar en su navegacion, uno de los que en él iban, enfadado de que no pasasen adelante dixo: yá este puerto es viejo para nosotros, y de aquí se llamó Puerto Viejo. Y la punta de santa Elena, que está cerca de aquel puerto, se nombró así porque la vieron en su dia. Otra imposicion de nombre pasó mucho antes que las que hemos dicho, semejante á ellas; y fue, que el año de mil quinientos, navegando un navio, que no se sabe cuyo era, si de Vicente Yañez Pizon, ó de Juan

de Solís, dos capitanes venturosos
en descubrir nuevas tierras, yendo
el navio en demanda de nuevas regiones, que entonces no entendian
los Españoles en otra cosa, y de-
seando hallar tierra firme, porque
la que hasta allí habian descubierto eran todas islas, que hoy llaman de Barlovento, un marinero
que iba en la gávia, habiendo visto el cerro alto llamado Capira, que
está sobre la ciudad del Nombre de
Dios, dixo, pidiendo albricias á
los del navio, en nombre de Dios
sea, compañeros, que veo tierra firme: y así se llamó despues Nombre
de Dios la ciudad que allí se fundó, y tierra firme su costa, y no
llaman tierra firme á otra alguna,
aunque lo sea, sino á aquel sitio del
Nombre de Dios, y se le ha quedado por nombre propio. Diez años
despues llamaron castilla de oro á
aquella provincia, por el mucho oro

que en ella hallaron, y por un cas-
tillo que en ella hizo Diego de Ni-
cuesa, año de mil quinientos y diez.
La isla que ha por nombre la Trinidad, que está en el mar dulce, se
llamó así porque la descubrieron
día de la Santísima Trinidad. La
ciudad de Cartagena llamaron así
por su buen puerto, que por seme-
jarse mucho al de Cartagena de España, dixeron los que primero lo
vieron, este puerto es tan bueno
como el de Cartagena. La isla Serrana, que está en el viage de Cartagena á la Habana, se llamó así por
un español llamado Pedro Serrano,
cuyo navio se perdió cerca de ella,
y él solo escapó nadando, que era
grandísimo nadador, y llegó aquella isla que es despoblada, inhabitable, sin agua, ni leña, donde
vivió siete años con industria y
buena maña que tuvo, para tener
leña, agua y sacar fuego: es un ca-

so historial de grande admiracion,
quizá lo dirémos en otra parte): de
cuyo nombre llamaron la Serrana
aquella isla, y Serranilla á otra que
está cerca de ella, por diferenciar
la una de la otra. La ciudad de
santo Domingo, por quien toda la
isla se llamó del mismo nombre,
se fundó y nombró como lo dice
Gomara, capítulo treinta y cinco,
por estas palabras que son sacadas
á la letra: El pueblo mas ennoble-
cido es santo Domingo, que fundó
Bartolomé Colon á la ribera del
rio Ozama. Púsole aquel nombre
porque llegó allí un Domingo fiesta de santo Domingo, y porque su
padre se llamaba Domingo. Así que
concurriéron tres causas para lla-
marlo así, &c. Hasta aquí es de
Gomara. Semejantemente son impuestos todos los mas nombres de
puertos famosos, rios grandes, provincias y reynos, que en el Nuevo

Mundo se han descubierto , poniénn-
doles el nombre del santo ó santa en cuyo dia se descubriéron,
ó el del capitan , soldado , piloto ó marinero que lo descubrió,
como diximos algo de esto en la
historia de la Flórida quando tra-
tamos de la descripcion de ella , y
de los que á ella han ido; y en el
libro sexto despues del capítulo
quince , á propósito de lo que allí
se cuenta , habia puesto éstas deduciones de nombres juntamente
con la del nombre Perú , temien-
do me faltára la vida antes de llegar aquí : mas pues Dios por su
misericordia la ha alargado , me pareció quitarlas de allí y ponerlas en
su lugar. Lo que ahora temo es,
no me las haya hurtado algun historiador porque aquel libro por mi
ocúpacion fue sin mí á pedir su ca-
lificacion , y sé que anduvo por muchas manos ; y sin esto me han pre-

guntado muchos si sabia la deduc-
cion del nombre Perú; y aunque
he querido guardarla, no me ha sido posible negarla á algunos señores mios.

CAPÍTULO VIII.

Descripcion del Perú.

Los quatro términos que el imperio de los Incas tenia quando los
Españoles entraron en él, son los
siguientes: al norte llegaba hasta
el rio Ancasmayu, que corre entre
los confines de Quitu y Pastu, quiere decir en la lengua general del
Perú, rio azul: está debaxo de la
linea equinocial casi perpendicu-
larmente. Al mediodia tenia por
término al rio llamado Mauli, que
corre leste hueste, pasado el reyno de Chili, antes de llegar á los
Araucos: el qual está mas de qua-

renta grados de la equinocial al sur.
Entre estos dos rios ponen pocas
menos de mil trescientas leguas de
largo por tierra. Lo que llaman Perú tiene setecientas cincuenta leguas de largo por tierra, desde el
rio Ancosmayu hasta los Chichas,
que es la última provincia de los
Charcas, norte sur; y lo que llaman reyno de Chile, contiene cerca de quinientas cincuenta leguas,
tambien norte sur, contando desde
lo último de la provincia de los
Chicas hasta el rio Maulli.

Al levante tiene por término
aquella nunca jamás pisada de hombres, ni de animales, ni de aves,
inaccesible cordillera de nieves que
corre desde santa Marta hasta el
estrecho de Magallanes, que los
Indios llaman Ritisuyu, que es,
vanda de nieve. Al poniente con-
fina con la mar del sur, que corre
por toda su costa de largo á largo.

TOMO I. C

Empieza el término del imperio por la costa desde el cabo de Pasau, por do pasa la linea equinocial, hasta el dicho rio Maulli, que tambien entra en la mar del sur. De levante al poniente es angosto todo aquel reyno. Por lo mas ancho, que es atravesando desde la provincia Muyupampa por los Chachapuyas hasta la ciudad de Truxillo, que está á la costa de la mar, tiene ciento veinte leguas de ancho, y por lo mas angosto, que es desde el puerto de Arica á la provincia llamada Llaricosa, tiene setenta leguas de ancho. Estos son los quatro términos de lo que señoreáron los Reyes Incas, cuya historia pretendemos escribir mediante el favor Divino. Será bien antes que pasemos adelante, digamos aquí el suceso de Pedro Serrano, que atrás propusimos, porque no esté lejos de su lugar, y

tambien porque este capítulo no
sea tan corto. Pedro Serrano salió
á nado á aquella isla desierta que
antes de él no tenia nombre; la
qual, como él decia, tenia dos leguas en contorno, casi lo mismo
dice la carta de marear, porque
pinta tres islas muy pequeñas con
muchos bagíos á la redonda, y la
misma figura le dá á la que llaman
Serranilla, que son cinco isletas
pequeñas con muchos mas bagíos
que la Serrana; y en todo aquel
parage los hay, por lo qual huyen
los navios de ellos, por no caer en
peligro.

A Pedro Serrano le cupo en
suerte perderse en ellos y llegar
nadando á la isla, donde se halló
desconsoladísimo porque no halló
en ella agua ni leña, ni aun yerba que poder pacer, ni otra cosa
alguna con que entretener la vida
mientras pasase algun navio que de

allí lo sacase, para que no pereciese de hambre y de sed, que le parecia muerte mas cruel que haber muerto ahogado, porque es mas breve. Así pasó la primera noche llorando su desventura, tan afligido como se puede imaginar que estaria un hombre puesto en tal estremo. Luego que amaneció volvió á pasear la isla, halló algun marisco que salia de la mar, como son cangrejos, camarones y otras savandijas, de las quales cogió las que pudo, y se las comió crudas, porque no habia candela donde asarlas ó cocerlas. Así se entretuvo hasta que vió salir tortúgas; viendolas lejos de la mar arremetió con una de ellas y la volvió de espaldas; lo mismo hizo de todas las que pudo, que para volverse á enderezar son torpes; y sacando un cuchillo que de ordinario solia traer en la cinta, que fue el

medio para escapar de la muerte,
la degolló y bebió la sangre en
lugar de agua, lo mismo hizo de
las demas; la carne puso al sol para comerla hecha tasajos, y para
desembarazar las conchas para coger agua en ellas de la llovediza,
porque toda aquella region, como
es notorio, es muy lloviosa. De esta manera se sustentó los primeros
dias, con matar todas las tortúgas que
podia, y algunas habia tan grandes y mayores que las mayores
adargas, otras como rodelas, y
como broqueles, de manera, que
las habia de todos tamaños. Con
las muy grandes no se podia valer
para volverlas de espaldas, porque le vencian de fuerzas, y aunque subia sobre ellas para cansar-
las y sujetarlas, no le aprovechaba nada, porque con él acuestas se
iban á la mar; de manera que la
experiencia le decia á quales tor-

túgas habia de acometer, y á quales se habia de rendir. En las conchas recogió mucha agua, porque algunas habia que cabian á dos arrobas, y de allí abaxo. Viéndose Pedro Serrano con bastante recaudo para comer y beber, le pareció que si pudiese sacar fuego para siquiera asar la comida, y para hacer ahumadas quando viese [pasar algun navio, que no le faltaria nada. Con esta imaginacion como hombre que habia andado por la mar, que cierto los tales en qualquier trabajo hacen mucha ventaja á los demás, dió en buscar un par de guijaros que le sirviese de pedernal, porque del cuchillo pensaba hacer eslabon; para lo qual, no hallándolos en la isla, porque toda ella estaba cubierta de arena muerta, entraba en la mar nadando y se zambullia, y en el suelo con gran diligencia buscaba ya en unas

partes , ya en otras lo que pretendia ; y tanto porfió en su trabajo
que halló guijarros , y sacó los que
pudo , y de ellos escogió los mejores : y quebrando los unos con los
otros , para que tuviesen esquinas
donde dar con el cuchillo , tentó
su artificio , y viendo que sacaba
fuego , hizo hilas de un pedazo de
la camisa muy desmenuzadas , que
parecian algodon carmenado , que
le sirvieron de yesca ; y con su
industria y buena maña, habiéndolo porfiado muchas veces, sacó fuego. Quando se vió con él se dió por
bien andante , y para sustentarlo
recogió las orruras que la mar echaba en tierra , y por horas las reco-
gia donde hallaba mucha yerba que
llaman ovas marinas, y madera de
navios que por la mar se perdian,
conchas y huesos de pescados , y
otras cosas con que alimentaba el
fuego. Y para que los aguaceros no

se lo apagasen hizo una choza de las
mayores conchas que tenia de las
tortúgas que habia muerto, y con
grandísima vigilancia cevaba el fuego porque no se le fuese de las
manos. Dentro de dos meses y aun
antes se vió como nació, porque
con las muchas aguas, calor y hu-
medad de la region se le pudrió
la poca ropa que tenia. El sol
con su gran calor le fatigaba mucho, porque ni tenia ropa con que
defenderse, ni habia sombra á que
ponerse. Quando se veía muy fa-
tigado se entraba en el agua para
cubrirse con ella. Con este trabajo
y cuidado vivió tres años, y en este tiempo vió pasar algunos navios,
mas aunque él hacia su ahumada,
que en la mar es señal de gente
perdida, no echaban de ver en ella,
ó por temor de los bagios no osaban llegar donde él estaba, y se
pasaban de largo. De lo qual Pe-

dro Serrano quedaba tan desconsola-
do, que tomára por partido el morirse y acabar yá. Con las inclemencias
del cielo le creció el bello de todo
el cuerpo, tan escesivamente que parecia pellejo de animal , y no qualquiera, sino el de un javalí: el cabello y la barba le pasaba de la cinta.

Al cabo de los tres años , una
tarde, sin pensarlo, vió Pedro Serrano un hombre en su isla, que la noche antes se habia perdido en los
bagíos de ella, y se habia sustentado
en una tabla del navío, y como luego que amaneció viese el humo del
fuego de Pedro Serrano , sospechando lo que fue, se habia ido á
él , ayudado de la tabla y de su
buen nadar. Quando se vieron ambos no se puede certificar qual
quedó mas asombrado de qual. Serrano imaginó que era el demonio
que venia en figura de hombre para tentarle en alguna desespera-

C 3

cion. El huésped entendió que Serrano era el demonio, en su propia figura, segun lo vió cubierto de cabellos, barbas y pelage. Cada uno huyó del otro, y Pedro Serrano fue diciendo: Jesus! Jesus! librame, Señor del demonio. Oyendo esto se aseguró el otro, y volviendo á él le dixo: no huyais hermano de mí que soy christiano como vos, y para que se certificase, porque todavia huía, dixo á voces el credo: lo qual oido por Pedro Serrano, volvió á él y se abrazáron con grandísima ternura, y muchas lágrimas y gemidos, viéndose ambos en una misma desventura, sin esperanza de salir de ella. Cada uno de ellos brevemente contó al otro su vida pasada. Pedro Serrano, sospechando la necesidad del huésped, le dió de comer y beber de lo que tenia, con que quedó algun tanto consolado, y hablaron de nuevo en su desventura. Acomodáron su vida como mejor supieron, repartiendo las horas del dia y de la noche en sus menesteres de buscar marisco para comer, ovas, leña, huesos de pescado, y qualquiera otra cosa que la mar echase para sustentar el fuego; y sobre todo la perpetua vigilia que sobre él habian de tener, velando por horas porque no se les apagase. Así viviéron algunos dias, mas no pasaron muchos que no riñeron, y de manera que apartaron rancho que no faltó sino llegar á las manos (porque se vea quán grande es la miseria de nuestras pasiones). La causa de la pendencia fue decir el uno al otro que no cuidaba como convenia de lo que era menester; y este enojo y las palabras que con él se dixeron, los descompusiéron y apartaron. Mas ellos mismos cayendo en su disparate se pidié ron perdon, se hicieron amigos, y volvieron á su compañía, y en ella vivieron otros quatro años. En este tiempo vieron pasar algunos navios, y hacian sus ahumadas, mas no les aprovechaba, de que ellos quedaban tan desconsolados que no les faltaba sino morir.

Al cabo de este largo tiempo acertó á pasar un navio tan cerca de ellos que vió la ahumada, y les hechó el batel para recogerlos. Pedro Serrano y su compañero, que se habia puesto de su mismo pelage, viendo el batel cerca, porque los marineros que iban por ellos no entendiesen que eran demonios y huyesen de ellos, dieron en decir el credo, y llamar el nombre de nuestro Redentor á voces; y valióles el aviso, que de otra manera sin duda huyeran los marineros, porque no tenian figura de hombres humanos. Así los llevaron al na-

vio, donde admiraron á quantos los
vieron y oyeron sus trabajos pasados. El compañero murió en la mar
viniendo á España. Pedro Serrano
llegó acá y pasó á Alemania, donde el Emperador estaba entonces,
llevó su pelage como lo traia para
que fuese prueba de su naufragio,
y de lo que en él habia pasado. Por
todos los pueblos que pasaba á la
ida, si quisiera mostrarse ganara
muchos dineros. Algunos señores y
caballeros principales que gustaron
de ver su figura, le dieron ayudas
de costa para el camino; y la Magestad Imperial, habiéndole visto y
óido, le hizo merced de quatro mil
pesos de renta, que son quatro mil
y ochocientos ducados en el Perú.
Yendo á gozarlos murió en Panamá,
que no llegó á verlos. Todo este
cuento, como se ha dicho, contaba un Caballero que se decia Gar-
ci Sanchez de Figueroa, á quien

yo se lo oí , que conoció á Pedro
Serrano , y certificaba que se lo habia oido á él mismo , y que despues de haber visto al Emperador
se habia quitado el cabello y la barba , dexandola poco mas corta que
hasta la cinta. Y para dormir de
noche se la entrenzaba ; porque no
entrenzándola , se tendia por toda
la cama y le estorvaba el sueño.

CAPÍTULO IX.

Idolatria y dioses que adoraban an-
tes de los Incas.

Para que se entienda mejor la idolatría , vida y costumbres de los
Indios del Perú , será necesario
dividamos aquellos siglos en dos
edades : dirémos cómo vivian antes de los Incas , y luego dirémos
cómo gobernaron aquellos Reyes,
para que no se confunda ló unó con

lo otro , ni se atribuyan las costumbres , ni los dioses de los unos
á los otros. Para lo qual es de saber , que en aquella primera edad
y antigua gentilidad , unos Indios
habia poco mejores que bestias man-
sas , y otros muchos peores que fieras bravas ; y principiando de sus
dioses , decimos que los tuvieron
conforme á las demas simplicida-
des y torpezas que usaron , así en
la muchedumbre de ellos , como
en la vileza y baxeza de las cosas
que adoraban ; porque es así , que
cada provincia , cada nacion , cada
pueblo , cada barrio , cada linage y
cada casa tenia dioses diferentes
unos de otros ; porque les parecia
que el dios ageno ocupado con otro,
no podia ayudarles , sino el suyo
propio ; y así vinieron á tener tanta variedad de dioses y tantos, que
fueron sin número ; y porque no
supieron como los gentiles Roma-

nos, hacer dioses imaginados, como la esperanza, la victoria, la paz y otros semejantes, porque no levantaron los pensamientos á cosas invisibles, adoraban lo que veian, unos á diferencia de otros, sin consideracion de las cosas que adoraban, si merecian ser adorados, ni respeto de sí propios para no adorar cosas inferiores á ellos : solo atendian á diferenciarse estos de aquellos, y cada uno de todos; y así adoraban yerbas, plantas, flores, árboles de todas suertes; cerros altos, grandes peñas, y los resquicios de ellas, cuevas hondas, guijarros y piedrecitas, las que en los rios y arroyos hallaban de diversas colores, como el jaspe. Adoraban la piedra esmeralda, particularmente en una provicia que hoy llaman Puerto Viejo, no adoraban diamantes ni rubíes porque no los hubo en aquella tierra. En lugar de ellos adoraron diversos animales , á unos por su fiereza , como al tigre , leon y oso ; y por esta causa teniéndolos por dioses , si acaso los topaban no huian de ellos, sino que se echaban en el suelo á adorarles , y se dexaban matar y comer sin huir ni hacer defensa alguna. Tambien adoraban á otros animales por su astucia , como á la zorra y á las monas. Adoraban al perro por su lealtad y nobleza , y al gato cerval por su ligereza : al ave que ellos llaman cuntur por su grandeza , y á las aguilas adoraban ciertas naciones, porque se precian descender de ellas , y tambien del cuntur. Otras naciones adoraron los halcones por su ligereza y buena industria de haber por sus manos lo que han de comer : adoraban al buho por la hermosura de sus ojos y cabeza , y al murciélago por la sutileza de su vista , que les cau-

saba mucha admiracion que viése
de noche ; y otras muchas aves
adoraban como se les antojaba. A
las culebras grandes por su monstruosidad y fiereza , que las hay
en los Antis de veinte y cinco y de
treinta pies , mas y menos de largo, y gruesas muchas, mas que el
muslo. Tambien tenian por dioses
á otras culebras menores donde no
las habia tan grandes , como en los
Antis , á las lagartijas, sapos y es-
cuerzos adoraban. En fin , no habia
animal tan vil ni sucio que no lo
tuviesen por dios , solo por diferenciarse unos de otros en sus dioses , sin acatar en ellos deidad alguna , ni provecho que de ellos
pudiesen esperar. Estos fueron simplicísimos en toda cosa , á semejanza de ovejas sin pastor. Mas no
hay que admirarnos que gente tan
sin letras ni enseñanza alguna ca-
yese en tan grandes simplezas; pues

es notorio que los Griegos y los Romanos que tanto presumian de sus ciencias, tuvieron quando mas florecian en su imperio treinta mil dioses.

CAPÍTULO X.

Gran variedad de dioses que tuvieron.

Otros muchos Indios hubo de diversas naciones en aquella primera edad que escogieron sus dioses con alguna mas consideracion que los pasados; porque adoraban algunas cosas de las quales recibian algun provecho, como los que adoraban las fuentes caudalosas y rios grandes, por decir que les daban agua para regar sus sementeras.

Otros adoraban la tierra, y la llamaban madre, porque les daba sus frutos; otros al ayre, por el

respirar, porque decian que mediante él vivian los hombres; otros
al fuego, porque los calentaba y porque guisaban de comer con él; otros
adoraban á un carnero, por el mucho ganado que en sus tierras se
criaba; otros á la cordillera grande
de la Sierra nevada, por su altura
y admirable gradeza, y por los muchos
chos rios que salen de ella para los
riegos. Otros al maiz ó zara, como ellos le llaman, porque era el
pan comun de ellos. Otros á otras
mieses y legumbres, segun que mas
abundantemente se daban en sus
provincias.

Los de la costa de la mar, demas de otra infinidad de dioses que
tuvieron, ó quizá los mismos que
hemos dicho, adoraban en comun
á la mar, y le llamaban mamaco-
cha, que quiere decir madre mar,
dando á entender que con ellos hacia oficio de madre en sustentarles

con su pescado. Adoraban tambien generalmente á la ballena por su grandeza y monstruosidad. Sin esta comun adoracion que hacian en toda la costa , adoraban en diversas provincias y regiones al pescado que en mas abundancia mataban en aquella tal region , porque decian que el primer pescado que estaba en el mundo alto, que así llaman al cielo, del qual procedia todo el demas pescado de aquella especie de que se sustentaban, tenia cuidado de enviarles á sus tiempos abundancia de sus hijos para sustento de aquella tal nacion ; y por esta razon en unas provincias adoraban la sardina , porque mataban mas cantidad de ella que de otro pescado , en otras la liza , en otras al tollo, en otras por su hermosura al dorado, en otras al cangrejo y al demas marisco, por la falta de otro mejor pescado , por-

que no lo habia en aquella mar , ó
porque no lo sabian pescar y matar. En suma , adoraban y tenian
por dios qualquiera otro pescado
que les era de mas provecho que
los otros. De manera que tenian
por dioses, no solamente los quatro
elementos cada uno de por sí , mas
tambien todos los compuestos y for-
mados de ellos , por viles é inmun-
dos que fuesen. Otras naciones hubo , como son los Chiruanas y los
del Cabo de Pasau , que de septentrion á mediodia son estas dos provincias los términos del Perú, que
no tuvieron ni tienen inclinacion
de adorar cosa alguna baxa ni alta,
ni por el interes ni por miedo, sino que en todo vivian y viven hoy
como bestias y peores ; porque no
llegó á ellos la doctrina y enseñanza de los Reyes Incas.

CAPÍTULO XI.

Maneras de sacrificios que hacian.

Conforme á la vileza y baxeza de
sus dioses, era tambien la crueldad
y barbaridad de los sacrificios de
aquella antigua idolatría, pues sin
las demas cosas comunes, como animales y mieses, sacrificaban hombres y mugeres de todas edades de
los que cautibaban en las guerras
que unos á otros se hacian. Y en
algunas naciones fue tan inhumana
esta crueldad, que excedió á la de
las fieras, porque llegó á no con-
tentarse con sacrificar los enemigos
cautivos, sino sus propios hijos en
tales ó tales necesidades. La manera de este sacrificio de hombres
y mugeres, muchachos y niños era,
que vivos les abrian por los pechos
y sacaban el corazon con los pul-

mones , y con la sangre de ellos
antes que se enfriase , rociaban el
ídolo que tal sacrificio mandaba hacer, y luego en los mismos pulmones y corazon miraban sus agüeros,
para ver si el sacrificio habia sido
acepto ó no; y que lo hubiese sido ó no, quemaban en ofrenda para
el ídolo el corazon y los pulmones
hasta consumirlos, y comian al Indio sacrificado con grandísimo gusto y sabor , y no menos fiesta y
regocijo aunque fuese su propio
hijo.

El P. Blas Valera , segun que
en muchas partes de sus papeles
rotos parece , llevaba la misma intencion que nosotros en muchas cosas de las que escribia , que era
dividir los tiempos , las edades y
las provincias para que se entendieran mejor las costumbres que cada nacion tenia; y así en uno de
sus quadernos destrozados dice lo

que se sigue, y habla de presente,
porque entre aquellas gentes se usa
hoy de aquella inhumanidad. Los
que viven en los Antis comen carne humana, son mas fieros que ti-
gres, no tienen dios, ni ley, ni
saben qué cosa es virtud; tampoco tienen ídolos ni semejanza de
ellos; adoran al demonio quando
se les representa en figura de algun animal ó de alguna serpiente,
y les habla. Si cautivan alguno en
la guerra, ó de qualquiera otra
suerte, sabiendo que es hombre
pleveyo y baxo, lo hacen quartos,
y se los dan á sus amigos y criados
para que se los coman ó vendan en
la carniceria : pero si es hombre
noble, se juntan los mas principales con sus mugeres é hijos, y como ministros del diablo, le des-
nudan, y vivo le atan á un palo,
y con cuchillos y navajas de pedernal le cortan á pedazos, no des-

membrándole , sino quitándole la
carne de las partes donde hay mas
cantidad de ella ; de las pantorri-
llas , muslos , asentaderas y mo-
lledos de los brazos , y con la sangre se rocían los varones , las mugeres é hijos , y entre todos comen
la carne muy apriesa , sin dexar-
la bien cocer ni asar , ni aun mas-
car ; tragansela á bocados , de manera que el pobre paciente se ve
vivo comido de otros y enterra-
do en sus vientres. Las mugeres,
mas crueles que los varones, untan
los pezones de sus pechos con la sangre del desdichado para que sus hi-
juelos la mamen y beban en la leche. Todo esto hacen en lugar de
sacrificio con gran regocijo y alegria , hasta que el hombre acaba
de morir. Entonces acaban de comer sus carnes con todo lo de dentro ; ya no por via de fiesta ni de
deleyte como hasta allí , sino por

cosa de grandísima deidad; porque
de allí adelante las tienen en suma
veneracion, y así las comen por
cosa sagrada. Si al tiempo que ator-
mentaban al triste hizo alguna señal de sentimiento con el rostro ó
con el cuèrpo, ó dió algun gemi-
do ó suspiro, hacen pedazos sus
huesos despues de haberle comido
las carnes, asadura y tripas, y con
mucho menosprecio los echen en el
campo ó en el rio; pero si en los
tormentos se mostró fuerte, cons-
tante y feroz, habiéndole comido
las carnes con todo el interior, se-
can los huesos con sus nervios al
sol, los ponen en lo alto de los
cerros, los tienen y adoran por
dioses, y les ofrecen sacrificios.
Estos son los ídolos de aquellas fieras, porque no llegó el imperio de
los Incas á ellos, ni hasta ahora
ha llegado el de los Españoles, y
así estan hoy dia. Esta generacion

de hombres tan terribles y crueles
salió de la region Mexicana, y po-
bló la de Panamá , la del Darien,
y todas aquellas grandes montañas
que van hasta el nuevo reyno de
Granada , y por la otra parte hasta Santa Marta. Todo esto es del
P. Blas Valera , el qual contando
diabluras , y con mayor encarecimiento, nos ayuda á decir lo que entonces habia en aquella primera
edad y al presente hay.

Otros Indios hubo no tan crueles en sus sacrificios , que aunque
en ellos mezclaban sangre humana,
no era con muerte de alguno, sino
sacada por sangria de brazos ó piernas , segun la solemnidad del sacrificio ; y para los mas solemnes
la sacaban del nacimiento de las
narices á la junta de las cejas ; y
esta sangria fue ordinaria entre los
Indios del Perú, aun despues de los
Incas, así para sus sacrificios, par-

ticularmente uno , como adelante
dirémos, como para sus enfermedades quando eran con mucho dolor
de cabeza. Otros sacrificios tuvieron los Indios todos en comun, que
los que arriba hemos dicho se usaban en unas provincias y naciones,
y en otras no ; mas los que usaron
en general fueron de animales, como carneros, ovejas , corderos , conejos , perdices y otras aves , sebo , la yerba que tanto estiman,
llamada cunca , el maiz y otras se-
millas y legumbres , madera olo-
rosa y cosas semejantes , segun las
tenian de cosecha , y segun que
cada nacion entendia que seria sacrificio mas agradable á sus dioses,
conforme á la naturaleza de ellos,
principalmente si sus dioses eran
aves ó animales carniceros , ó no,
que á cada uno de ellos ofrecian lo
que les veian comer mas ordinario,
y lo que parecia les era mas sa-

broso al gusto ; y esto baste para
lo que en materia de sacrificios se
puede decir de aquella antigua gentilidad.

CAPÍTULO XII.

Vivienda y gobierno de los anti-
guos : cosas que comian.

En la manera de sus habitaciones
y pueblos tenian aquellos gentiles
la misma barbariedad que en sus
dioses y sacrificios. Los mas políti-
cos tenian sus pueblos poblados sin
plaza ni orden de calles, ni de casas, sino como un recogedero de
bestias. Otros por causa de las guerras que unos á otros se hacian, po-
blaban en riscos y peñas altas á
manera de fortaleza donde fuesen
menos ofendidos de sus enemigos.
Otros en chozas derramadas por los
campos, valles y quebradas : cada

uno como acertaba á tener la co-
modidad de su comida y morada.
Otros vivian en cuevas debaxo de
tierra , en resquicios de peñas , en
huecos de árboles ; cada uno como
acertaba á hallar hecha la casa, porque ellos no fueron para hacerla;
y de éstos hay todavia algunos , como son los del cabo de Pasau y
los Chiriuanas , y otras naciones
que conquistaron los Reyes Incas,
los quales se estan hoy en aquella
rusticidad antigua; y éstos tales son
los peores de reducir así al servicio de los Españoles como á la
religion christiana : que como jamas tuvieron doctrina son irracionales , y apenas tienen lengua
para entenderse unos con otros dentro en su misma nacion ; y así viven como animales de diferentes
especies , sin juntarse , ni comu-
nicarse , ni tratarse sino á sus solas.

En aquellos pueblos y habitaciones gobernaba el que se atrevia
y tenia animo para mandar á los
demas ; y luego que señoreaba,
trataba á los vasallos con tirania y
crueldad , sirviéndose de ellos como de esclavos , usando de sus mugeres é hijas á toda su voluntad,
haciéndose guerra unos á otros. En
unas provincias desollaban los cautivos , y con los pellejos cubrian
sus caxas de atambor para ame-
drentar sus enemigos ; porque decian que en oyendo los pellejos de
sus parientes luego huian. Vivian
en latrocinios, robos , muertes , in-
cendios de pueblos, y de esta manera se fueron haciendo muchos Señores y Reyecillos , entre los quales hubo algunos buenos que trataban bien á los suyos, y los mante-
nian en paz y justicia: á estos tales
por su bondad y nobleza, los Indios
con simplicidad los adoraron por

dioses , viendo que eran diferentes
y contrarios de la otra multitud de
tiranos. En otras partes vivian sin
señores que los mandasen ni gober-
nasen , ni ellos supieron hacer república de suyo para dar orden y
concierto en su vivir: vivian como
ovejas en toda simplicidad, sin hacerse mal ni bien : y esto era mas
por ignorancia y falta de malicia
que por sobra de virtud.

En la manera del vestirse y cubrir sus carnes , fueron en muchas
provincias los Indios tan simples y
torpes que causa risa el trage de
ellos. En otras fueron en su comer
y manjares tan fieros y bárbaros
que pone admiracion tanta fiereza,
y en otras muchas regiones muy
largas , tuvieron lo uno y lo otro
juntamente. En las tierras calientes , por ser mas fértiles , sembraban poco ó nada : mantenianse de
yerbas y raices , fruta silvestre y

otras legumbres que la tierra daba
de suyo , ó con poco beneficio de
los naturales; que como todos ellos
no pretendian mas que el sustento
de la vida natural , se contenta-
ban con poco. En muchas provincias
fueron amicísimos de carne humana , y tan golosos que antes que
acabase de morir el Indio que mataban , le bebian la sangre por la
herida que le habian dado, y lo mismo hacian quando lo iban desquar-
tizando , que chupaban la sangre,
y se lamian las manos, porque no se
perdiese gota de ella. Tuvieron car-
nicerias públicas de carne humana:
de las tripas hacian morcillas y lon-
ganizas, hinchéndolas de carne por
no perderlas. Pedro de Cieza , capítulo veinte y seis , dice lo mismo , y lo vió por sus ojos. Creció
tanto esta pasion , que llegó á no
perdonar los hijos propios habidos
en mugeres estrangeras de las que

cautivaban y prendian en las guerras , las quales tomaban por man-
cebas , y los hijos que en ellas habian los criaban con mucho regalo
hasta los doce ó trece años , luego se los comian , y á las madres
tras ellos quando ya no eran para
parir. Hacian mas , que á muchos
Indios de los que cautivaban les
reservaban la vida , y les daban
mugeres de su nacion , quiero decir
de la nacion de los vencedores , y
los hijos que habian, los criaban como á los suyos, y viéndoles ya mo-
zuelos se los comian , de manera
que hacian seminario de muchachos para comérselos : y no los per-
donaban ni por el parentesco, ni por
la crianza que aun en diversos y contrarios animales suelen causar amor;
como podriamos decir de algunos
que hemos visto, y de otros que hemos oido. Pues en aquellos bárbaros
no bastaba lo uno ni lo otro , sino que

mataban los hijos que habian en-
gendrado , los parientes que habian criado á trueque de comérselos , y lo mismo hacian de los padres quando ya no estaban para en-
gendrar , que tampoco les valia el
parentesco de afinidad. Hubo nacion tan estraña en esta golosina de
comer carne humana , que enter-
raba sus difuntos en sus estomagos,
que luego que espiraba el difunto
se juntaba la parentela , y se lo
comian cocido ó asado , segun le
habian quedado las carnes , muchas
ó pocas : si pocas , cocido , si muchas asado. Despues juntaban los
huesos por sus coyunturas , y les
hacian las exêquias con gran llanto : enterrábanles en resquicios de
peñas , y en huecos de árboles : no
tuvieron dioses, ni supieron qué cosa
era adorar, y hoy se estan en lo mismo. Esto de comer carne humana
mas lo usaron los Indios de tier-

ras calientes que los de tierras frias.

En las tierras estériles y frias, donde no daba la tierra de suyo frutas, raices ni yerbas, sembraban el maiz y otras legumbres, forzados de la necesidad, y esto hacian sin tiempo ni sazon. Aprovechábanse de la caza y de la pesca con la misma rusticidad que en las demás cosas tenian.

CAPÍTULO XLII.

Como se vestian en aquella antigüedad.

El vestir por su indecencia era mas para callar y encubrir que para lo decir y mostrar pintado, mas porque la historia me fuerza á que la saque entera y con verdad, suplicaré á los oidos honestos se cierren por no oirme en esta parte, y me castíguen con este

disfavor, que yo lo doy por bien
empleado. Vestíanse los Indios en
aquella primera edad como anima-
-les, porque no traían mas ropa que
-la piel que la naturaleza les dió.
Muchos de ellos por curiosidad ó
-gala traían ceñido al cuerpo un
hilo grueso, y les parecia que bastaba para vestidura, y no pasemos
adelante que no es lícito. El año
de mil quinientos y sesenta viniendo á España, topé en una calle de
las de Cartagena cinco Indios sin
ropa alguna, y no iban todos juntos, sino uno en pos de otro como grullas, con haber tantos años
que trataban con Españoles.

Las mugeres andaban al mismo
trage en cueros. Las casadas traían
un hilo ceñido al cuerpo, del qual
traían colgando como delantal un
trapillo de algodon de una vara en
quadro; y donde no sabian ó no
querian texer ni hilar, lo traían

de cortezas de árboles ó de sus hojas, el qual servia de cobertura por la honestidad. Las doncellas traían tambien por la pretina ceñido un hilo sobre sus carnes, y en lugar de delantal y señal de que eran doncellas, traían otra cosa diferente. Y porque es razon guardar el respeto que se debe á los oyentes, será bien que callemos lo que aquí habia que decir: baste que este era el trage y vestidos en las tierras calientes, de manera que en la honestidad semejaban á las bestias irracionales; de donde por sola esta bestialidad que en el ornato de sus personas usaban, se puede colegir quán brutales serian en todo lo demás los Indios de aquella gentilidad antes del imperio de los Incas.

En las tierras frias andaban mas honestamente cubiertos, no por guardar honestidad, sino por la ne-

cesidad que el frio les causaba: cu-
bríanse con pieles de animales y
maneras de cubijas que hacian del
cáñamo silvestre, y de una paja
blanda, larga y suave que se cria
en los campos. Con estas invenciones cubrian sus carnes como mejor
podian. En otras naciones huvo alguna mas policia, que traían mantas mal hechas, mal hiladas y
peor texidas, de lana, ó del cáñamo silvestre que llaman chahuar:
traíanlas prendidas al cuello y ce-
ñidas al cuerpo, con las quales andaban cubiertos bastantemente. Estos trajes se usaban en aquella primera edad, y los que diximos que
se usaban en las tierras calientes,
que era andar en cueros, digo que
los Españoles los hallaron en muy
muchas provincias que los Reyes
Incas aún no habian conquistado,
y hoy se usan en muchas tierras
ya conquistadas por los Españoles;

donde los Indios son tan brutos que
no quieren vestirse sino los que
tratan muy familiarmente con los
Españoles dentro en sus casas , y se
visten mas por importunidad de
ellos que por gusto y honestidad
propia; y tanto lo rehusan las mugeres como los hombres ; á las
quales , motejándolas de malas hi-
landeras y de muy deshonestas,
les preguntan los Españoles si por
no vestirse no querian hilar , ó si
por no hilar no querian vestirse.

CAPÍTULO XIV.

Diferentes casamientos y diver-
sas lenguas. Usan de veneno y
de hechizos.

En las demás costumbres, como el
casar y el juntarse , no fueron mejores los Indios de aquella gentilidad que en su vestir y comer;

porque muchas naciones se juntaban al coíto como bestias , sin co-
nocer muger propia sino como acertaban á toparse, y otras se casaban como se les antojaba, sin excep-
tuar hermanas, hijas, ni madres. En
otras guardaban las madres y no
mas. En otras provincias era lícito
y aun loable ser las mozas quan
deshonestas y perdidas quisiesen,
y las mas disolutas tenian mas cierto su casamiento, que el haberlo
sido, se tenia entre ellos por mayor calidad; á lo menos las mozas
de aquella suerte eran tenidas por
hacendosas, y de las honestas decian que por flojas no las habia
querido nadie. En otras provincias
usaban lo contrario, que las madres
guardaban las hijas con gran recato, y quando concertaban de las
casar las sacaban en público, y en
presencia de los parientes que se
habian hallado al otorgo, con sus

propias manos las defloraban mostrando á todos el testimonio de su buena guarda.

En otras provincias, corrompian la virgen que se habia de casar los parientes mas cercanos del novio y sus mayores amigos, y con esta condicion concertaban el casamiento, y así la recibia despues el marido. Pedro de Cieza, capítulo veinte y quatro, dice lo mismo. Hubo sodomitas en algunas provincias, aunque no muy al descubierto si toda la nacion en comun, sino algunos particulares y en secreto. En algunas partes los tuviéron en sus templos, porque les persuadia el demonio que sus dioses recibian mucho contento con ellos, y harialo el traidor por quitar el velo de la vergüenza que aquellos gentiles tenian del delito, y porque lo usaran todos en público y en comun. Tambien huvo hombres y mu-

geres que daban ponzoña, así para
matar con ella de presto ó de espacio, como para sacar de juicio y
atontar los que querian, y para los
afear en sus rostros y cuerpos, que
los dexaban remendados de blanco
y negro, alvarazados y tullidos
de sus miembros. Cada provincia,
cada nacion y, en muchas partes,
cada pueblo tenia su lengua por sí,
diferente de sus vecinos. Los que
se entendian en un lenguage se
tenian por parientes; y así eran
amigos y confederados. Los que no
se entendian por la variedad de las
lenguas, se tenian por enemigos y
contrarios, y se hacian cruel guerra hasta comerse unos á otros como si fueran brutos de diversas especies. Huvo tambien hechiceros
y hechiceras; y este oficio mas ordinario lo usaban las Indias que
los Indios : muchos lo exercitaban
solamente para tratar con el de-

monio en particular, para ganar
reputacion con la gente, dando
y tomando respuestas de las cosas
por venir, haciéndose grandes sacerdotes y sacerdotisas.

Otras mugeres lo usáron para en-
hechizar mas á hombres que á mugeres, ó por envidia ó por otra mal
querencia, y hacian con los hechizos los mismos efectos que con el
veneno. Y esto baste para lo que
por ahora se puede decir de los
Indios de aquella edad primera y
gentilidad antigua, remitiéndome
en lo que no se ha dicho tan cumpli-
damente como ello fue, á lo que
cada uno quisiere imaginar y añadir á las cosas dichas, que por mucho que alargue su imaginacion, no
llegará á imaginar quán grandes
fueron las torpezas de aquella gentilidad. En fin como de gente que
no tuvo otra guia ni maestro sino
al demonio, y así unos fueron en

su vida, costumbres, dioses y sacrificios barbarísimos, fuera de todo encarecimiento. Otros hubo simplicísimos en toda cosa, como animales mansos, y aun mas simples.
Otros participaron del un estremo
y del otro, como lo verémos adelante en el discurso de nuestra historia, donde en particular dirémos
lo que en cada provincia y en cada nacion habia de las bestialidades arriba dichas.

CAPÍTULO XV.

Origen de los Incas Reyes del Perú.

Viviendo ó muriendo aquellas
gentes de la manera que hemos
visto, permitió Dios nuestro señor que de ellos mismos saliese un
lucero del alva, que en aquellas
oscurísimas tinieblas les diese al-

guna noticia de la ley natural, de
la urbanidad y respetos que los
hombres debian tenerse unos á
otros, y que los descendientes de
aquel, procediendo de bien en mejor, cultivasen aquellas fieras, y las
conviertiesen en hombres, hacién-
doles capaces de razon, y de qualquiera buena doctrina: para que
quando ese mismo Dios, sol de
justicia, tuviese por bien de enviar
la luz de sus divinos rayos á aquellos idólatras, los hallase no tan
salvages, sino mas dóciles para recibir la fe católica, y la enseñanza y doctrina de nuestra santa madre Iglesia Romana, como despues
acá la han recibido, segun se verá
lo uno y lo otro en el discurso de
esta historia. Que por experiencia
muy clara se ha notado, quanto mas
prontos y ágiles estaban para recibir
el evangelio los Indios que los Reyes Incas sujetaron, gobernaron y en-

señáron, que no las demás naciones
comarcanas, donde aún no habia
llegado la enseñanza de los Incas:
muchas de las quales se están hoy
tan bárbaras y brutas como antes
se estaban, con haber setenta y
un años que los Españoles entrá-
ron en el Perú. Y pues estamos á
la puerta de este gran laberinto,
será bien pasémos adelante á dar
noticia de lo que en él habia.

Despues de haber dado muchas
trazas, y tomado muchos caminos
para entrar á dar cuenta del orígen y principio de los Incas, Reyes naturales que fueron del Perú,
me pareció que la mejor traza, y
el camino mas fácil y llano, era
contar lo que en mis niñeces oí
muchas veces á mi madre, hermanos y tios, y á otros sus mayores,
acerca de este orígen y principio:
porque todo lo que por otras vias
se dice de él, viene á reducirse en

lo mismo que nosotros dirémos , y
será mejor que se sepa por las propias palabras que los Incas lo cuentan que no por las de otros autores estraños. Es asi que residiendo
mi madre en el Cózco su pátria,
venian á visitarla casi cada semana
los pocos parientes y parientas que
de las crueldades y tiranías de Ata-
gualpa (como en su vida contarémos) escaparon ; en las quales visitas siempre sus mas ordinarias
pláticas eran tratar del orígen de
sus Reyes , de la magestad de ellos,
de la grandeza de su Imperio , de
sus conquistas y hazañas , del gobierno que en paz y en guerra tenian , de las leyes que tan en provecho y favor de sus vasallos ordenaban. En suma , no dexaban cosa de las prósperas que entre ellos
hubiese acaecido que no la traxesen á cuenta.

De las grandezas y prosperida-

TOMO I.   E

des pasadas venian á las cosas presentes: lloraban sus Reyes muertos , enagenado su Imperio y acabada su república , &c. Estas y
otras semejantes pláticas tenian los
Incas y Pallas en sus visitas , y con
la memoria del bien perdido, siempre acababan su conversacion en
lágrimas y llanto, diciendo: tro-
cósenos el reynar en vasallage, &c.
En estas pláticas yo como mucha-
cho entraba y salia muchas veces
donde ellos estaban , y me holgaba de las oir , como huelgan los tales de oír fábulas. Pasando , pues,
dias, meses y años , siendo yá yo
de diez y seis ó diez y siete años
acaeció , que estando mis parientes
un dia en esta su conversion hablando de sus reyes y antiguallas , al mas anciano que era el
que daba cuenta de ellas, le dixe:
Inca , tio , pues no hay escritura
entre vosotros, que es la que guar-

da la memoria de las cosas pasadas ¿qué noticias teneis del orígen y principio de nuestros Reyes? porque allá los Españoles y las otras naciones sus comarcanas, como tienen historias divinas y humanas, saben por ellas quando empezáron á reynar sus Reyes y los agenos, y el trocarse unos Imperios en otros, hasta saber quantos mil años há que Dios crió el cielo y la tierra, que todo esto y mucho mas, saben por sus libros. Empero vosotros que careceis de ellos ¿qué memoria teneis de vuestras antiguallas? ¿Quién fué el primero de nuestros Incas? ¿cómo se llamó? ¿qué órigen tuvo su linage? ¿de qué manera empezó á reynar? ¿con qué gente y armas conquistó este grande Imperio? ¿qué órigen tuviéron nuestras hazañas?

El Inca, como que holgándose de haber oído las preguntas por

E 2

el gusto que recibia de dar cuenta
de ellas, se volvió á mí, que yá
otras muchas veces le habia oído,
mas ninguna con la atencion que
entónces, y me dixo: sobrino, yo
te las diré de muy buena gana, á
tí te conviene oírlas y guardarlas
en el corazon, es frase de ellos por
decir en la memoria. Sabrás que
en los siglos antiguos, toda esta
region de tierra que ves, eran unos
grandes montes y breñales, y las
gentes en aquellos tiempos vivian
como fieras y animales brutos, sin
religion, ni policía, sin pueblo, ni
casa, sin cultivar, ni sembrar la
tierra, sin vestir, ni cubrir sus
carnes, porque no sabian labrar
algodon ni lana para hacer de vestir. Vivian de dos en dos, y de
tres en tres como acertaban á juntarse en las cuevas y resquicios de
peñas, y cabernas de la tierra: comian como bestias yerbas del cam-

po , raíces de árboles , y la fruta
inculta que ellos daban de suyo,
y carne humana. Cubrian sus carnes con hojas y cortezas de árboles y pieles de animales ; otros andaban en cueros. En suma vivian
como venados y salvaginas , y aun
en las mugeres se habian como los
brutos, porque no supieron tenerlas
propias y conocidas.

Adviertase, porque no enfade el
repetir tantas veces estas palabras,
nuestro padre el sol , que era lenguage de los Incas , y manera de
veneracion y acatamiento decirlas
siempre que nombraban al sol , porque se preciaban descender de él,
y al que no era Inca no le era lícito tomarlas en la boca, que fuera
blasfemia y lo apedreáran. Dixo
el Inca! nuestro padre el sol , viendo los hombres tales como te he
dicho , se apiadó y hubo lástima
de ellos , y envió del cielo á la

tierra un hijo y una hija de los suyos, para que los doctrinasen en
el conocimiento de nuestro padre
el sol, para que lo adorasen y tuviesen por su dios, y para que les
diesen preceptos y leyes en que
viviesen como hombres, en razon
y urbanidad; para que habitasen
en casas y pueblos poblados; supiesen labrar las tierras, cultivar
las plantas y mieses, criar los ganados y gozar de ellos y de los
frutos de la tierra, como hombres
racionales y no como bestias. Con
esta órden y mandato puso nuestro padre el sol estos dos hijos suyos en la laguna Titicaca, que está
ochenta leguas de aquí, y les dixo que fuesen por do quisiesen,
y do quiera que parasen á comer
ó á dormir, procurasen hincar en el
suelo una barrilla de oro de media vara en largo y dos dedos en
grueso, que les dió para señal y

muestra, que donde aquella barra
se les hundiese, con solo un golpe
que con ella diesen en tierra, allí
queria el sol nuestro padre que parasen é hiciesen su asiento y corte. A lo último les dixo: quando
hayais reducido esas gentes á nuestro servicio, los mantendreis en
razon y justicia, con piedad, clemencia y mansedumbre, haciendo
en todo oficio de padre piadoso
para con sus hijos tiernos y ama-
dos, á imitacion y semejanza mia,
que á todo el mundo hago bien,
que les doy mi luz y claridad para que vean y hagan sus haciendas,
y les caliento quando han frio, y
crio sus pastos y sementeras, hago
frutificar sus árboles, y multiplico
sus ganados, lluevo y sereno á sus
tiempos, y tengo cuidado de dar
una vuelta cada dia al mundo, por
ver las necesidades que en la tierra se ofrecen, para las proveer y

socorrer, como sustentador y bienhechor de las gentes, quiero que
vosotros imiteis este exemplo como hijos mios enviados á la tierra
solo para la doctrina y beneficio de
esos hombres que viven como bestias. Y desde luego os constituyo
y nombro por reyes y señores de
todas las gentes que así doctrina-
redes con vuestras buenas razones,
obras y gobierno. Habiendo declarado su voluntad nuestro padre el
sol á sus dos hijos los despidió de
sí. Ellos salieron de Titicaca, ca-
minaron al Septentrion, y por todo
el camino, do quiera que paraban,
tentaban hincar la barra de oro, y
nunca se les hundió. Así entraron
en una venta ó dormitorio pequeño que está siete ó ocho leguas al
mediodia de esta ciudad que hoy
llaman Pacarec Tampu, que quiere decir venta ó dormida que ama-
nece. Púsole este nombre el Inca

porque salió de aquella dormida al
tiempo que amanecia. Es uno de
los pueblos que este príncipe mandó poblar despues ; y sus moradores se jactan hoy grandemente del
nombre porque lo impuso nuestro
Inca : de allí llegaron él y su muger nuestra reyna á este valle del
Cozco, que entonces todo él estaba hecho montaña brava.

CAPÍTULO XVI.

Fundacion del Cozco ciudad imperial.

La primera parada que en este
valle hicieron, dixo el Inca, fue
en el cerro llamado Huanacauti, al
mediodia de esta ciudad. Allí procuró hincar en tierra la barra de
oro, la qual con mucha facilidad
se les hundió al primer golpe que
dieron con ella, que no la vieron

mas. Entónces dixo nuestro Inca á
su hermana y muger: En este valle manda nuestro padre el sol que
parémos y hagamos nuestro asiento y morada, para cumplir su voluntad. Por tanto, reyna y hermana, conviene que cada uno por su
parte vamos á convocar y atraer
esta gente para los doctrinar y hacer el bien que nuestro padre el
sol nos manda. Del cerro Huanacauti salieron nuestros primeros
Reyes cada uno por su parte á convocar las gentes, y por ser aquel
lugar el primero de que tenemos
noticia que hubiesen hollado con
sus pies, y por haber salido de
allí á bien hacer á los hombres,
teniámos hecho en él, como es notorio, un templo para adorar á
nuestro padre el sol, en memoria
de esta merced y beneficio que hizo al mundo. El príncipe fué al
septentrion, y la princesa al me-

diodia. A todos los hombres y mugeres que hallaban por aquellos
breñales les hablaban y decian,
como su padre el sol los habia enviado del cielo para que fuesen
maestros y bienhechores de los moradores de toda aquella tierra, sa-
cándoles de la vida ferina que tenian, y mostrándoles á vivir como hombres; y que en cumplimien-
to de lo que el sol su padre les habia mandado, iban á los convocar
y sacar de aquellos montes y ma-
lezas, y reducirlos á morar en pueblos poblados, y á darles para comer manjares de hombres y no
de bestias. Estas cosas y otras semejantes dixeron nuestros Reyes á
los primeros salvages que por estas sierras y montes hallaron: los
quales viendo aquellas dos personas vestidas y adornadas con los
ornamentos que nuestro padre el
sol les habia dado, hábito muy di-

E 4

ferente del que ellos traían, las orejas horadadas y tan abiertas como sus descendientes las traemos, y que en sus palabras y rostro mostraban ser hijos del sol, y que venian á los hombres para darles pueblos en que viviesen, y mantenimientos que comiesen, maravillados por una parte de lo que veían, por otra aficionados de las promesas que les hacian, les dieron entero crédito á todo lo que les dixeron, y los adoraron y reverenciáron como á hijos del sol, y obedecieron como á Reyes; y convocándose los mismos salvages unos á otros, y refiriendo las maravillas que habian visto y oido, se juntaron en gran número hombres y mugeres, y salieron con nuestros reyes para los seguir donde ellos quisiesen llevarlos.

Nuestros príncipes, viendo la ucha gente que se les allegaba,

dieron orden que unos se ocupasen
en proveer de su comida campes-
tre para todos, porque la hambre
no los volviese á derramar por los
montes: mandó, que otros traba-
jasen en hacer chozas y casas, dando el Inca la traza como las habian
de hacer. De esta manera se prin-
cipió á poblar esta nuestra imperial ciudad, dividida en dos medios, que llamaron Hanan Cozco,
que como sabes quiere decir Cozco el alto, y Hurin Cozco, que es
Cozco el baxo. Los que atrajo el
rey, quiso que poblasen á Hanan
Cozco, y por esto le llamaron el
alto, y los que convocó la reyna,
que poblasen á Hurin Cozco, y por
eso le llamaron el baxo. Esta division de ciudad no fue para que
los de la una mitad se aventajasen
á los de la otra mitad en exêncio-
nes y preeminencias, sino que
todos fuesen iguales como herma-

nos, hijos de un padre y de una
madre. Solo quiso el Inca que hubiese esta division de pueblo y diferencia de nombres alto y baxo,
para que quedase perpetua memoria de que á los unos habia con-
vocado el rey, y á los otros la
reyna; y mandó, que entre ellos
hubiese sola una diferencia y re-
conocimiento de superioridad, que
los del Cozco alto fuesen respeta-
dos y tenidos como primogénitos
hermanos mayores, y los del baxo
fuesen como hijos segundos, y en
suma fuesen como el brazo derecho y el izquierdo en qualquiera
preeminencia de lugar y oficio, por
haber sido los del alto atraídos
por el varon y los del baxo por la
hembra. A semejanza de esto hubo
despues esta misma division en todos los pueblos grandes ó chicos de
nuestro Imperio, que los dividieron por barrios ó por linages, di-

ciendo Hananayllu y Hurin ayllu,
que es el linage alto y el baxo;
Hanan suyu y Hurin suyu, que es
el distrito alto y el baxo.

Juntamente poblando la ciudad,
enseñaba nuestro Inca á los Indios
varones los oficios pertenecientes á
varon, como romper y cultivar la
tierra, y sembrar las mieses, semi-
llas y legumbres que les mostró
que eran de comer, y provecho-
sas; para lo qual les enseñó á hacer arados y los demas instrumentos necesarios, y les dió orden y
manera cómo sacasen acequias de
los arroyos que corren por este valle del Cozco, hasta enseñarles á
hacer el calzado que traemos. Por
otra parte la reyna industriaba á
las Indias en los oficios mugeriles,
á hilar, texer algodon y lana, y
hacer de vestir para sí y para sus
maridos y hijos: deciales cómo habian de hacer los demas oficios del

servicio de casa. En suma, ninguna cosa de las que pertenecen á
la vida humana dexaron nuestros
príncipes de enseñar á sus primeros vasallos, haciéndose el Inca rey
y maestro de los varones, y la Coya
reyna y maestra de las mugeres.

CAPÍTULO XVII.

Lo que reduxo el primer Inca Manco Capac.

Los mismos Indios nuevamente
así reducidos, viéndose ya otros,
y reconociendo los beneficios que
habian recibido, con gran contento y regocijo entraban por las sierras, montes y breñales á buscar
los Indios, les daban nuevas de
aquellos hijos del sol, y les decian que para bien de todos ellos
se habian aparecido en su tierra,
y les contaban los muchos benefi-

cios que les habian hecho ; y para
ser creidos les mostraron los nuevos vestidos y las nuevas comidas
que comian y vestian , y que vivian en casas y pueblos. Las quales cosas oidas por los hombres sil-
vestres , acudian en gran número á
ver las maravillas que de nuestros
primeros padres , reyes y señores
se decian y publicaban ; y habiéndose certificado de ellas por vista
de ojos , se quedaban á los servir
y obedecer. De esta manera , lla-
mándose unos á otros , y pasando
la palabra de éstos á aquellos , se
juntó en pocos años mucha gente:
tanta, que pasados los primeros seis
ó siete años, el Inca tenia gente
de guerra armada é industriada para
se defender de quien quisiese ofen-
derle, y aun para traer por fuerza
los que no quisiesen venir de grado. Enseñoles á hacer armas ofen-
sivas , como arcos , flechas , lan-

zas , porras , y otras que se usan
agora.

Y para abreviar las hazañas de
nuestro primer Inca , te digo , que
hácia el levante reduxo hasta el
rio llamado Paucartampu, y al poniente, conquistó ocho leguas hasta el gran rio llamado Apurimac, y
al mediodia atrajo nueve leguas
hasta Quequesana. En este distrito
mandó poblar nuestro Inca mas de
cien pueblos, los mayores de á cien
casas , y otros de á menos , segun
la capacidad de los sitios. Estos fueron los primeros principios que esta nuestra ciudad tuvo para haberse fundado y poblado como la ves.
Estos mismos fueron los que tuvo
este nuestro grande , rico y famoso
imperio que tu padre y sus compañeros nos quitaron. Estos fueron
nuestros primeros Incas y Reyes
que vinieron en los primeros siglos
del mundo , de los quales descien-

den los demas Reyes que hemos tenido, y de éstos mismos descendemos todos nosotros. Quántos años ha que el sol nuestro padre envió estos sus primeros hijos, no te lo sabré decir precisamente, que son tantos que no los ha podido guardar la memoria : tenemos que son mas de quatrocientos. Nuestro Inca se llamó Manco Capac, y nuestra Coya Mama Oello Huaco : fueron como te he dicho, hermanos, hijos del sol y de la luna, nuestros primeros padres. Creo que te he dado larga cuenta de lo que me la pediste, y respondido á tus preguntas, y por no hacerte llorar, no he recitado esta historia con lágrimas de sangre derramadas por los ojos, como las derramo en el corazon del dolor que siento de ver nuestros Incas acabados, y nuestro Imperio perdido.

Esta larga relacion del origen

de sus Reyes me dió aquel Inca,
tio de mi madre, á quien yo se la
pedí; la qual yo he procurado tra-
ducir fielmente de mi lengua ma-
terna, que es la del Inca, en la
agena, que es la Castellana, aunque no la he escrito con la magestad de palabras que el Inca habló,
ni con toda la significacion que las
de aquel lenguage tienen, que por
ser tan significativo pudiera haberse estendido mucho mas de lo que
se ha hecho; antes la he acortado
quitando algunas cosas que pudieran hacerla odiosa; empero bas-
tara haber sacado el verdadero sentido de ellas, que es lo que conviene á nuestra historia. Otras cosas semejantes, aunque pocas, me
dixo este Inca en las visitas y pláticas que en casa de mi madre se
hacian, las quales pondré adelante
en sus lugares citando el autor: y
pésame de no haberle preguntado

otras muchas para tener ahora la
noticia de ellas , sacadas de tan
buen archivo para escribirlas aquí.

CAPÍTULO XVIII.

Fábulas historiales del origen de los Incas.

Otra fábula cuenta la gente comun del Perú del origen de sus
Reyes Incas , y son los Indios que
caen al mediodia del Cozco , que
llaman Collasuyu , y los del poniente que llaman Cuntisuyu. Dicen que pasado el diluvio, del qual
no saben dar mas razon de decir
que lo hubo , ni se entiende si fue
el general del tiempo de Noé ó
alguno otro en particular , por lo
qual dexarémos de decir lo que
cuentan de él y de otras cosas semejantes , que de la manera que
las dicen mas parecen sueños ó

fábulas mal ordenadas que suce-
cesos historiales. Dicen, pues, que
cesadas las aguas, se apareció un
hombre en Tiahuacanu, que está
al mediodia del Cozco, que fue tan
poderoso que repartió el mundo en
quatro partes, y las dió á quatro hombres que llamó Reyes: el
primero se llamó Manco Capac,
el segundo Colla, el tercero To-
cay, y el quarto Pinahua. Dicen que á Manco Capac dió la parte septentrional, y al Colla la parte meridional, de cuyo nombre se
llamó despues Colla aquella gran
provincia: al tercero llamado To-
cay, dió la parte del levante, y
al quarto, que llaman Pinahua, la
del poniente; y que les mandó fuese cada uno á su distrito, y con-
quistase y gobernase la gente que
hallase; y no advierten á decir si
el diluvio los habia ahogado, ó si
los Indios habian resucitado para

ser conquistados y doctrinados, y
así es todo quanto dicen de aquellos tiempos. Dicen que de este repartimiento del mundo nació despues el que hicieron los Incas de
su reyno llamado Tahuantin suyu.
Dicen que Manco Capac fue hácia el norte y llegó al valle del
Cozco, fundó aquella ciudad, sujetó los circunvecinos, y los doc-
trinó; y con estos principios dicen de Manco Capac casi lo mismo que hemos dicho de él; y que
los Reyes Incas descienden de él,
y de los otros Reyes no saben decir qué fue de ellos; y de esta manera son todas las historias de aquella antigüedad; y no hay que es-
pantarnos de que gente que no tuvo letras con que conservar la memoria de sus antiguallas trate de
aquellos principios tan confusamen-
te, pues los de la gentilidad del
Mundo Viejo con tener letras y ser

tan curiosos en ellas, inventaron fábulas tan dignas de risa, y mas que
estotras; pues una de ellas es la
de Pirra y Deucalion, y otras que
pudieramos traer á cuenta; y tambien se pueden cotejar las de la una
gentilidad con las de la otra, que
en muchos pedazos se remedan; y
asimismo tienen algo semejante á
la historia de Noé, como algunos
Españoles han querido decir, segun veremos luego. Lo que yo siento de este origen de los Incas diré al fin.

Otra manera del origen de los
Incas cuentan semejante á la pasada, y estos son los Indios que viven
al levante y al norte de la ciudad
del Cozco. Dicen que al principio
del mundo salieron por unas ventanas de unas peñas, que estan cerca de la ciudad en un puesto que
llaman Paucartampu, quatro hombres y quatro mugeres, todos her-

manos , y que salieron por la ventana de enmedio , que ellas son
tres , la qual llamaron ventana real;
por esta fábula aforraron aquella
ventana por todas partes con grandes planchas de oro y muchas piedras preciosas : las ventanas de los
lados guarnecieron solamente con
oro , mas no con pedreria. Al primer hermano llamaron Manco Capac , y á su muger Mama Oello:
dicen que éste fundó la ciudad,
que la llamó Cozco, que en la lengua particular de los Incas quiere
decir ombligo, que sujetó aquellas naciones, les enseñó á ser hombres , y que de éste descienden
todos los Incas. Al segundo hermano llaman Ayar Cachi , al tercero Ayar Vchu , y al quarto Ayar
Sauca. La diccion Ayar no tiene
significacion en la lengua general
del Perú , en la particular de los
Incas la debia de tener : las otras

dicciones son de la lengua general.
Cachi quiere decir sal, la que comemos, y uchu es el condimento
que echan en sus guisados, que los
Españoles llaman pimiento : no tuvieron los Indios del Perú otras especias. La otra diccion sauca quiere decir regocijo, contento y alegria. Apretando á los Indios sobre
qué se hicieron aquellos tres hermanos y hermanas de sus primeros
reyes, dicen mil disparates; y no
hallando mejor salida, alegorizan
la fábula diciendo que por la sal,
que es uno de los nombres, entienden la enseñanza que el Inca les
hizo de la vida natural ; por el
pimiento, el gusto que de ella recibieron; y por el nombre regocijo entienden el contento y alegria
con que despues vivieron ; y aun
esto lo dicen por tantos rodeos, tan
sin orden y concierto, que mas se
saca por conjeturas de lo que quer-

rán decir , que por el discurso y orden de sus palabras. Solo se afirman en que Manco Capac fue el
primer rey y que de él descienden los demas reyes. De manera
que por todas tres vias hacen principio y origen de los Incas á Manco Capac : y de los otros tres hermanos no hacen mencion; antes por
la via alegórica los deshacen, y se
quedan con solo Manco Capac ; y
parece ser así , porque nunca despues rey alguno ni hombre de su
linage se llamó de aquellos nombres , ni ha habido nacion que se
preciase descender de ellos. Algunos Españoles curiosos quieren decir oyendo estos cuentos, que áque-
llos Indios tuvieron noticia de la
historia de Noé , de sus tres hijos,
muger y nueras , que fueron quatro hombres y quatro mugeres que
Dios reservó del diluvio , que son
los que dicen en la fábula : que

por la ventana del arca de Noé
dixeron los Indios la de Paucartampu, y que el hombre poderoso que
la primera fábula dice que se apareció en Tiahuanacu, que dicen
repartió el mundo en aquellos quatro hombres, quieren los curiosos
que sea Dios, que mandó á Noé
y á sus tres hijos que poblasen el
mundo. Otros pasos de la una fábula y de la otra quieren semejar á
los de la Santa Historia, que les
parece que se semejan. Yo no me
entremeto en cosas tan hondas, digo llanamente las fábulas historiales que en mis niñeces oí á los
mios, tómelas cada uno como quisiere, y déles la alegoria que mas
le quadrare. A semejanza de las fábulas que hemos dicho de los Incas, inventan las demas naciones
del Perú otra infinidad de ellas del
origen y principio de sus primeros padres, diferenciándose unos de

otros, como las veremos en el discurso de la historia: que no se tiene por honrado el Indio que no des-
ciende de fuente, rio ó lago, aunque sea de la mar ó de animales fieros, como el oso, leon ó tigre, ó
de aguila ó del ave que llaman cuntur, ó de otras aves de rapiña, ó
de sierras, montes, riscos ó cabernas, cada uno como se le anto-
ja para su mayor loa y blason; y
para fábulas baste lo que se ha di-
dicho.

CAPÍTULO XIX.

Protestacion del autor sobre la historia.

Ya que hemos puesto la primera
piedra de nuestro edificio, aunque
fabulosa, en el origen de los Incas
Reyes del Perú, será razon pasemos adelante en la conquista y re-

duccion de los Indios, extendiendo
algo mas la relacion sumaria que
me dió aquel Inca, con la relacion
de otros muchos Incas é Indios
naturales de los pueblos que este
primer Inca Manco Capac mandó
poblar y reduxo á su imperio , con
los quales me crié y comuniqué
hasta los veinte años. En este tiempo tuve noticia de todo lo que vamos escribiendo ; porque en mis niñeces me contaban sus historias, como se cuentan las fábulas á los niños. Despues en edad mas crecida
me dierón larga noticia de sus leyes y gobierno , cotejando el nuevo gobierno de los Españoles con
el de los Incas , dividiendo en particular los delitos y las penas, y el
rigor de ellas : decianme cómo pro-
cedian sus reyes en paz y en guerra , de qué manera trataban á sus
vasallos , y cómo eran servidos de
ellos. Demas de esto , me conta-

ban como á propio hijo toda su
idolatría, sus ritos, ceremonias y
sacrificios, sus fiestas principales y
no principales, y cómo las celebra-
ban: decianme sus abusos y supersticiones, sus agüeros malos y buenos, así los que miraban en sus sacrificios como fuera de ellos. En
suma digo, que me dieron noticia
de todo lo que tuvieron en su república, que si entonces lo escri-
biera fuera mas copiosa esta historia. Demas de habermelo dicho los
Indios, alcancé y vi por mis ojos
mucha parte de aquella idolatría,
sus fiestas y supersticiones, que aun
en mis tiempos hasta los doce ó
trece años de mi edad no se habian
acabado del todo. Yo nací ocho
años despues que los Españoles ganaron mi tierra, y cómo lo he dicho, me crié en ella hasta los veinte años, y así vi muchas cosas de
las que hacian los Indios en aque-

lla su gentilidad, las quales conta-
ré diciendo que las ví. Sin la relacion que mis parientes me dieron de las cosas dichas, y sin lo
que yo ví, he habido otras muchas relaciones de las conquistas
y hechos de aquellos Reyes: porque luego que propuse escribir esta historia, escribí á los condiscípulos de escuela y gramática, en-
cargándoles que cada uno me ayu-
dase con la relacion que pudiese
haber de las particulares conquistas que los Incas hicieron de las
provincias de sus madres; porque
cada provincia tiene sus cuentas
y nudos con sus historias, anales,
y la tradicion de ellas; y por esto
retiene mejor lo que en ella pasó
que lo que pasó en la agena. Los
condiscípulos, tomando de veras
lo que les pedí, cada qual dió
cuenta de mi intencion á su madre y parientes: los quales, sa-

biendo que un Indio hijo de su
tierra queria escribir los sucesos
de ella, sacaron de sus archivos
las relaciones que tenian de sus
historias y me las enviaron : y
así tuve la noticia de los hechos
y conquistas de cada Inca, que es
la misma que los historiadores Españoles tuvieron, sino que ésta será mas larga, como lo advertiré-
mos en muchas partes de ella. Y
porque todos los hechos de este
primer Inca son principios y fundamento de la historia que hemos
de escribir, nos valdrá mucho de-
cirlos aquí, á lo menos los mas
importantes, porque no los repi-
tamos adelante en las vidas y hechos de cada uno de los Incas sus
descendientes; porque todos ellos
generalmente, así los reyes como los no reyes, se preciaron de
imitar en todo y por todo la condicion, obras y costumbres de este

primer príncipe Manco Capac ; y
dichas sus cosas, habremos dicho
las de todos ellos. Irémos con atencion de decir las hazañas mas historiales, dexando otras muchas por
impertinentes y prolixas : Y aunque algunas cosas de las dichas, y
otras que se dirán parezcan fabulosas, me pareció no dexar de escribirlas, por no quitar los fun-
damentos sobre que los Indios se
fundan para las cosas mayores y
mejores que de su Imperio cuentan;
porque, en fin, de estos principios fabulosos procedieron las grandezas que en realidad de verdad
posee hoy España; por lo qual se
me permitirá decir lo que convi-
niere, para la mejor noticia que
se pueda dar de los principios, medios y fines de aquella monarquía,
que yo protesto decir llanamente
la relacion que mamé en la leche,
y la que despues acá he habido,

pedida á los propios mios; y prometo que la aficcion de ellos no
sea parte para dexar de decir la
verdad del hecho, sin quitar de
lo malo, ni añadir á lo bueno que
tuvieron: que bien sé que la gentilidad es un mar de errores, y
no escribiré novedades que no se
hayan oido, sino las mismas cosas
que los historiadores Españoles han
escrito de aquella tierra, y de los
reyes de ella; y alegaré las mismas palabras de ellos donde con-
viniere, para que se vea que no
finjo ficciones en favor de mis parientes, sino que digo lo mismo
que los Españoles dixeron; solo
serviré de comento para declarar
y ampliar muchas cosas que ellos
asomaron á decir, y las dexaron
imperfectas por haberles faltado
relacion entera. Otras muchas se
añadirán que faltan de sus historias y pasaron en hecho de ver-

I 4

dad ; y algunas se quitarán que
sobran, por falsa relacion que tuvieron, por no saberla pedir el
Español con distincion de tiempos
y edades, y division de provincias y naciones ; ó por no entender al Indio que se la daba ; ó por
no entenderse el uno al otro por
la dificultad del lenguage : que el
Español que piensa que sabe mas
de él, ignora de diez partes las
nueve, por las muchas cosas que
un mismo vocablo significa, y por
las diferentes pronunciaciones que
una misma diccion tiene para muy
diferentes significaciones, como se
verá adelante en algunos vocablos
que será forzoso traerlos á cuenta.

Demas de esto, en todo lo
que de esta república, antes des-
truida que conocida, dixere, será
contando llanamente lo que en su
antigüedad tuvo de su idolatría,
ritos, sacrificios y ceremonias, y

en su gobierno , leyes y costumbres en paz y en guerra , sin comparar cosa alguna de estas á otras semejantes que en las historias divinas y humanas se hallan , ni al gobierno de nuestros tiempos, porque toda comparacion es odiosa. El que las leyere podrá cotejarlas á su gusto , que muchas hallará semejantes á las antiguas , así de la Santa Escritura, como de las profanas y fábulas de la gentilidad antigua : muchas leyes y costumbres verá que se parecen á las de nuestro siglo , otras muchas oirá en todo contrarias : de mi parte he hecho lo que he podido, no habiendo podido lo que he deseado. Al discreto lector suplico reciba mi ánimo , que es de darle gusto y contento , aunque las fuerzas ni la habilidad de un Indio, nacido entre los Indios y criado entre armas y caballos , no puedan llegar allá.

CAPÍTULO XX.

Pueblos que mandó poblar el primer Inca.

Volviendo al Inca Manco Capac decimos , que despues de haber fundado la ciudad del Cozco en las dos parcialidades que atras quedan dichas , mandó fundar otros muchos pueblos ; y es así que al oriente de la ciudad , de la gente que por aquella vanda atraxo en el espacio que hay hasta el rio llamado Paucartampu , mandó poblar á una y á otra vanda del camino real de Antisuyu trece pueblos que no nombramos por escusar proligidad ; casi todos ó todos son de la nacion llamada Poqués. A poniente de la ciudad , en espacio de ocho leguas de largo y nueve ó diez de ancho, mandó poblar trein-

ta pueblos que se derraman á una
mano y otra del camino real de
Cuntisuyu. Fueron estos pueblos
de tres naciones de diferentes apellidos; conviene á saber, Masca,
Chillqui, Pap.ri. Al norte de la
ciudad se poblaron veinte pueblos
de quatro apellidos, que son, Ma-
yu, Cancu, Chinchapucyu, Rimactampu. Los mas de estos pueblos estan en el hermoso valle de
Sacsahuana, donde fue la batalla y
prision de Gonzalo Pizarro. El pueblo mas alejado de estos está á siete leguas de la ciudad, y los demas se derraman á una mano y á
otra del camino real de Chinchasuyu. Al mediodia de la ciudad se
poblaron treinta y ocho ó quarenta pueblos, los diez y ocho de la
nacion Ayarmaca, los quales se
derramaban á una mano y á otra
del camino real de Collasuyu por
espacio de tres leguas de largo, em-

pezando del parage de las salinas
que estan una legua pequeña de la
ciudad , donde fue la batalla lamentable de Don Diego de Almagro el viejo y Hernando Pizarro:
los demas pueblos son de gentes
de cinco ó seis apellidos , que son:
Quespicancha , Muyna , Urcos,
Quehuar , Huaruc , Caviña. Esta
nacion Caviña se preciaba en su vana creencia , que sus primeros padres habian salido de una laguna,
á donde decian que volvian las áni-
mas de los que morian , y que de
allí volvian á salir y entraban en
los cuerpos de los que nacian : tuvieron un idolo de espantable figura á quien hacian sacrificios muy
bárbaros. El Inca Manco Capac les
quitó los sacrificios y el idolo , y
les mandó adorar al sol como á los
demas sus vasallos.

Estos pueblos , que fueron mas
de ciento , en aquellos principios

fueron pequeños , que los mayores no pasaban de cien casas, y los
menores eran de veinte y cinco y
treinta : despues por los favores
y privilegios que el mismo Manco
Capac les dió , como luego diremos , creciéron en gran número,
que muchos de ellos llegaron á tener mil vecinos , y los menores á
trescientos y á quatrocientos. Despues, mucho mas adelante, por los
mismos privilegios y favores que
el primer Inca y sus descendientes
les habian hecho , los destruyó el
gran tirano Atauhuallpa , á unos
mas , á otros menos , y á muchos de ellos asoló del todo. Ahora en nuestros tiempos , de poco
mas de veinte años á esta parte,
aquellos pueblos que el Inca Manco Capac mandó poblar , y casi
todos los demas que en el Perú
habia , no estan en sus sitios antiguos , sino en otros muy dife-

rentes, porque un visorrey, como
se dirá en su lugar, los hizo reducir á pueblos grandes, juntando
cinco y seis en uno, y siete y
ocho en otro, mas y menos como acertaban á ser los poblezuelos
que se reducian; de lo qual resul-
táron muchos inconvenientes que
por ser odiosos se dexan de decir.

CAPÍTULO XXI.

*Enseñanza que daba el Inca á sus
vasallos.*

El Inca Manco Capac, yendo poblando sus pueblos, juntamente con
enseñar á cultivar la tierra á sus
vasallos, labrar las casas, sacar
acequias, y hacer las demas cosas
necesarias para la vida humana, les
iba instruyendo en la urbanidad,
compañía y hermandad que unos
á otros se habian de hacer, con-

forme á lo que la razon y ley natural les enseñaba , persuadiéndoles con mucha eficacia , que para
que entre ellos hubiese perpetua
paz y concordia , y no naciesen
enojos y pasiones , hiciesen con
todos lo que quisieran que todos
hicieran con ellos , porque no se
permitia querer una ley para sí y
otra para los otros. Particularmente les mandó que se respetasen unos
á otros en las mugeres é hijas,
porque esto de las mugeres andaba
entre ellos mas bárbaro que otro
vicio alguno. Puso pena de muerte
á los adulteros, á los homicidas y
ladrones. Mandóles que no tuviesen mas de una muger , que se casasen dentro en su parentela porque no se confundiesen los linages, y que se casasen de veinte
años arriba , porque pudiesen gobernar sus casas y trabajar en sus
haciendas. Mandó recoger el gana-

do manso que andaba por el campo sin dueño; de cuya lana los
vistió á todos, mediante la industria y enseñanza que la Reyna Mama Oello Huaco habia dado á las
Indias en hilar y texer. Enseñóles
á hacer el calzado que hoy traen
llamado usuta. Para cada pueblo ó
nacion de las que reduxo, eligió
un Curaca, que es lo mismo que
Cacique en la lengua de Cuba y
santo Domingo, que quiere decir
señor de vasallos: eligiólos por sus
méritos los que habian trabajado
mas en la reducion de los Indios,
mostrándose mas afables, mansos
y piadosos, mas amigos del bien
comun, á los quales constituyó por
señores de los demás, para que los
doctrinasen como padres á hijos; á
los Indios mandó que los obedecie-
sen como hijos á padres.

Mandó que los frutos que en
cada pueblo se recogian se guarda-

sen en junto, para dár á cada uno
lo que hubiese menester, hasta que
hubiese disposicion de dar tierras
á: cada Indio en particular. Juntamente con estos preceptos y ordenanzas, les enseñaba el culto divino de su idolatría. Señaló sitio
para hacer templo al sol donde le
sacrificasen, persuadiéndoles que
lo tuviesen por principal Dios, á
quien adorasen y rindiesen las gracias de los beneficios naturales que
les hacia con su luz y calor, pues
veían que les producia sus campos,
y multiplicaba sus ganados, con las
demás mercedes que cada dia recibian; y que particularmente debian adoracion y servicio al sol y
á la luna, por haberles enviado dos
hijos suyos, que sacándolos de la vida ferina que hasta entonces habian
tenido, los hubiesen reducido á la
humana que al presente tenian.
Mandó que hiciesen casa de mu-

geres para el sol, quando hubiese bastante número de mugeres de la sangre real para poblar la casa. Todo lo qual les mandó que guardasen y cumpliesen como gente agradecida á los beneficios que habian recibido, pues no los podian negar; que de parte de su padre el sol les prometia otros muchos bienes si así lo hiciesen, y que tuviesen por muy cierto que no decia él aquellas cosas de suyo, sino que el sol se las revelaba y mandaba que de su parte las dixese á los Indios, el qual como padre le guiaba y adiestraba en todos sus hechos y dichos. Los Indios, con la simplicidad que entonces y siempre tuvieron, hasta nuestros tiempos, creyeron todo lo que el Inca les dixo, principalmente el decirles que era hijo del sol; porque tambien entre ellos hay naciones que se jactan descender de semejantes fábulas, como adelante dirémos, aunque no supieron escoger tan bien como el Inca, porque se precian de animales y cosas baxas y terrestres. Cotejando los Indios entonces y despues sus descendencias con la del Inca; y viendo que los beneficios que les habia hecho lo testificaban, creyeron firmísimamente que era hijo del sol, le prometiéron guardar y cumplir lo que les mandaba; y en suma le adoraron por hijo del sol, confesando que ningun hombre humano pudiera haber hecho con ellos lo que él, y que asi creían que era hombre divino venido del cielo.

CAPÍTULO XXII.

Insignias favorables que el Inca dió á los suyos.

En las cosas dichas y otras semejantes se ocupó muchos años el Inca Manco Capac, en beneficio de
sus vasallos; y habiendo experimentado la fidelidad de ellos, el
amor y respeto con que le servian,
la adoracion que le hacian, quiso
por obligarles mas ennoblecerlos
con nombres é insignias de las que
el Inca traía en su cabeza; y esto
fue despues de haberles persuadido que era hijo del sol, para que
las tuviesen en mas. Para lo qual
es de saber que el Inca Manco Capac, y despues sus descendientes,
á imitacion suya, andaban tresqui-
lados, y no traían mas de un dedo
de cabello: tresquilabanse con na-

vajas de pedernal rozando el cabello hácia abaxo, y lo dexaban del
altor que se ha dicho. Usaban de
las navajas de pedernal porque no
hallaron la invencion de las tixeras,
trasquilabanse con mucho trabajo,
como cada uno puede imaginar; por
lo qual, viendo despues la facilidad y suavidad del cortar de las
tixeras, dixo un Inca á un condiscí-
pulo nuestro de leer y escribir: si
los Españoles, vuestros padres, no
hubieran hecho mas de traernos tixeras, espejos y peines les hubié-
ramos dado quanto oro y plata te-
niamos en nuestra tierra. Demas
de andar trasquilados traian las orejas horadadas por donde comunmente las horadan las mugeres para los zarcillos; empero hácian crecer el horado con artificio (como
mas largo en su lugar dirémos) en
estraña grandeza, increible á quién
no la hubiere visto; porque parece

imposible que tan poca carne cò-
mo la que hay debaxo de la oreja,
venga á crecer tanto que sea ca-
paz de recibir una orejera del tamaño y forma de una rodaja de cántaro, que semejantes á rodajas eran
las orejeras que ponian en aquellos
lazos que de sus orejas hacian,
los quales lazos si acertaban romperlos, quedaban de una gran quar-
ta de vara de medir en largo, y de
grueso como la mitad de un dedo.
Y porque los Indios las traian de
la manera que hemos dicho, les
llamaron orejones los Españoles.

Traían los Incas en la cabeza
por tocado una trenza que llaman
llautu: hacianla de muchas colores, y del ancho de un dedo y poco menos gruesa. Esta trenza ro-
deaban á la cabeza, daban quatro ó cinco bueltas y quedaba como una guirnalda. Estas tres divisas que son el llautu, el trasqui-

larga, y traer las orejas horadadas
eran las principales que el Inca
Manco Capac traía, sin otras que
adelante diremos, que eran insignias de la persona real, y no las
podia traer otro. El primer privilegio que el Inca dió á sus vasallos,
fue mandarles que á imitacion suya traxesen todos en comun la
trenza en la cabeza, empero que
no fuese de todos colores como la
que el Inca traía, sino de un color solo y que fuese negro.

·   Habiendo pasado algun tiempo
en medio, les hizo gracia de la otra ·
divisa que ellos tuvieron por mas
favorable, y fue mandarles que anduviesen trasquilados, empero con
diferencia de unos vasallos á otros,
y de todos ellos al Inca; porque
no hubiese confusion en la division
que mandaba hacer de cada provincia, y de cada nacion ni se se-
mejasen tanto al Inca que no hu-

G 2

biese mucha disparidad de él á ellos;
y así mandó que unos traxesen una
coleta de la manera de un bonete
de orejas, esto es, abierta por la
frente hasta las sienes, y que por
los lados llegase el cabello hasta
lo último de las orejas. A otros
mandó que traxesen la coleta á
media oreja y otros mas corta: empero que nadie llegase á traer el
cabello tan corto como el Inca. Y
es de advertir que todos estos Indios, principalmente los Incas, tenian cuidado de no dexar crecer el
cabello, sino que lo traían siempre
en un largo por no parecer unos
dias de una divisa y otros de otra.
Tan nivelados como esto andaban
todos ellos en lo que tocaba á las
divisas y diferencias de las cabe-
zas, porque cada nacion se preciaba de la suya, y mas de estas que
fueron dadas por la mano del Inca.

CAPÍTULO XXIII.

Otras insignias mas favorables,
con el nombre Inca.

Pasados algunos meses y años les
hizo otra merced mas favorable que
las pasadas, y fue mandarles que se
horadasen las orejas : mas tambien
fue con limitacion del tamaño del
horadado de la oreja que no llegase
á la mitad de como los traía el
Inca sino de medio atrás, y que
traxesen cosas diferentes por orejeras, segun la diferencia de los
apellidos y provincias. A unos dió
que traxesen por divisa un palillo
del grueso del dedo merguerite,
como fue á la nacion llamada Ma-
yu y Cancu. A otros mandó que
traxesen una vedijita de lana blan-
ca que por una parte y otra de
la oreja asomase tanto como la ca-

beza del dedo pulgar , y estos fueron la nacion llamada Póques. A
las naciones Múyna, Huáruc Chillqui , mandó que traxesen orejeras
hechas del junco comun, que los
Indios llaman tutura. A la nacion
Rimactampu y á sus circunvecinas,
mandó que las traxesen de un palo
que en las islas de Barlovento llaman Maguey , y en lengua general del Perú se llama Chuchau, que,
quitada la corteza el meollo, es fo-
fo, blando y muy liviano. A los tres
apellidos Urcos , Y.úcay , Tampu,
que todas son el rio abaxo de Y.u-
cay , mando por particular favor y
merced que traxesen las orejas mas
abiertas que todas las otras naciones , mas que no llegasen á la mitad del tamaño que el Inca las traía,
para lo qual les dió medida del tamaño del horado , como lo habia
hecho á todos los demas apellidos,
para que no excediesen en el gran-

dor. Las orejeras mandó que fuesen del junco tutúra , porque asemejaban mas a las del Inca. Llamaban orejeras y no zarcillos , porque no pendian de las orejas sino que andaban encajadas en el horado de ellas, como rodaja en la boca del cántaro.

Las diferencias que el Inca mandó que hubiese en las insignias, demas de que eran señales para que no se confundiesen las naciones y apellidos , dicen los mismos vasallos que tenian otra significacion, y era que las que mas semejaban á las del rey, esas eran de mayor favor y de mas aceptacion. Empero que no las dió por su libre voluntad aficionándose mas á unos vasallos que á otros , sino conformándose con la razon y justicia , que á los que habia visto mas dóciles á sú doctrina , y que habian trabajado mas en la reduccion de los demas

Indios, á esos habia semejado mas
á su persona en las insignias y hé-
choles mayores favores , dándoles
siempre á entender que todo quanto hacia con ellos, era por orden y
revelacion de su padre el sol, y los
Indios lo creian así, y por eso mostraban tanto contento de qualquiera
cosa que el Inca les mandase, y de
qualquiera manera que los tratase;
porque demas de tenerlo por revelacion del sol, veían por experiencia el beneficio que se les seguia
de obedecerle.

A lo ultimo, viéndose ya el Inca
viejo , mandó que los mas principales de sus vasallos se juntasen en
la ciudad del Cozco, y en una plática solemne les dixo, que él entendia volverse presto al cielo á descansar con su padre el sol que le
llamaba, fueron palabras que todos
los Reyes sus descendientes las usaron quando sentian morirse, y que

habiéndoles de dexar, queria de-
xarles el colmo de sus favores y
mercedes, que era el apellido de
su nombre real, para que ellos y
sus descendientes viviesen honra-
dos y estimados de todo el mundo; y así para que viesen el amor
que como á hijos les tenia, mandó que ellos y sus descendientes
para siempre se llamasen Incas, sin
alguna distincion ni diferencia de
unos á otros, como habian sido los
demas favores y mercedes pasadas,
sino que llana y generalmente go-
zasen todos de la alteza de este
nombre, que por ser los primeros vasallos que tuvo, y porque
ellos se habian reducido de su voluntad, los amaba como á hijos,
y gustaba de darles sus insignias y
nombre real y llamarles hijos; porque esperaba de ellos y de sus descendientes, que como tales hijos
servirian á su rey presente, y á los

que de él sucedisen en las conquistas y reduccion de los demas
Indios para aumento de su imperio.
Todo lo qual les mandaba guardasen en el corazon y en la memoria para corresponder con el servicio como leales vasallos : y que
no quería que sus mugeres é hijas
se llamasen Pallas como las de la
sangre real ; porque no siendo las
mugeres como los hombres capaces de las armas para servir en la
guerra , tampoco lo eran de aquel
nombre y apellido real.

De estos Incas hechos por privilegio son los que hay ahora en
el Perú , que se llaman Incas, y
sus mugeres Pallas y Coyas por
gozar del barato que á ellos y á
las otras naciones en esto y en
otras muchas cosas semejantes les
han hecho los Españoles. Que de los
Incas de la sangre real hay pocos, y
por su pobreza y necesidad no cono-

cidos sino qual y qual : porque la
tirania y crueldad de Atahualpa
destruyó , y los pocos que de ella
escaparon , á lo menos los mas
principales y notorios acabaron en
otras calamidades , como adelante
dirémos en sus lugares. De las insignias que el Inca Manco Capac
traia en la cabeza , reservó sola una
para sí y para los reyes sus descendientes , la qual era una borla
colorada á manera de rapacejo, que
se tendia por la frente de una sien
á otra. El príncipe heredero la traia
amarilla y menor que la del padre. Las ceremonias con que se la
daban quando le juraban por príncipe succesor , y de otras insignias
que despues traxeron los reyes Incas , dirémos adelante en su lugar,
quando tratemos del armar caballeros á los Incas.

El favor de las insignias que su
rey les dió, estimaron los Indios

en mucho porque eran de la persona real ; y aunque fueron con las diferencias que diximos , las aceptaron con grande aplauso, porque el Inca les hizo creer que las habia dado, como se ha dicho, por mandado del sol , justificados segun los méritos precedidos de cada nacion : y por tanto se preciaron de ellas en sumo grado. Mas quando vieron la grandeza de la ultima merced , que fue la del renombre Inca , y que no solo habia sido para ellos sino tambien para sus descendientes, quedaron tan admirados del animo real de su Príncipe , de su liberalidad y magnificencia que ne sabian cómo la encarecer. Entre sí unos con otros decian que el Inca, no contento de haberlos sacado de fieras y trocádolos en hombres , ni satisfecho de los muchos beneficios que les habia hecho en enseñarles las cosas

necesarias para la vida humana,
las leyes naturales para la vida moral y el conocimiento de su dios
el sol, que bastaba para que fueran
esclavos perpetuos, se habia huma-
nado á darles sus insignias reales:
y ultimamente, en lugar de impo-
nerles pechos y tributos, les habia comunicado la magestad de su
nombre, tal y tan alto que entre ellos era tenido por sagrado y
divino, que nadie osaba tomarlo en
la boca sino con grandísima veneracion solamente para nombrar al
rey : y que ahora por darles sér
y calidad lo hubiese hecho tan comun que pudiesen todos ellos lla-
márselo á boca llena, hechos hijos
adoptivos, contentándose ellos con
ser vasallos ordinarios del hijo del
sol.

CAPÍTULO XXIV.

Nombres y renombres que los Indios
pusieron á su rey.

Considerando bien los Indios la
grandeza de las mercedes y el amor
con que el Inca se las habia hecho, echaban grandes bendiciones
y loores á su príncipe, y le busca-
ban títulos y renombres que igua-
lasen con la alteza de su animo, y
significasen en junto sus heroycas
virtudes; y así entre otros que le
inventaron fueron dos. El uno fue
Capac, que quiere decir rico, no
de hacienda, que, como los Indios
dicen, no traxo este príncipe bienes de fortuna, sino riquezas de
animo, de mansedumbre, piedad,
clemencia, liberalidad, justicia,
magnanimidad y deseo, y obras para hacer bien á los pobres; y por
haberlas tenido este Inca tan gran,

des como sus vasallos las cuentan,
dicen que dignamente le llamaron
Capac. Tambien quiere decir rico
y poderoso en armas. El otro nombre fue llamarle Huác Chacúyac,
que quiere decir amador y bienhechor de pobres, para que como el
primero significaba las grandezas de
su animo, el segundo significase los
beneficios que á los suyos habia hecho; y desde entonces se llamó este príncipe Manco Capac, habiéndose llamado hasta allí Manco Inca.
Manco es nombre propio, no sabemos qué signifique en la lengua general del Perú, aunque en la particular que los Incas tenian para hablar unos con otros, la qual me es-
criben del Perú se ha perdido ya
totalmente, debia de tener alguna
significacion; porque por la mayor
parte todos los nombres de los
reyes la tenian, como adelante veremos quando declaremos los

nombres. El nombre Inca en el príncipe quiere decir señor , rey , ó
emperador , y en los demas señor , y para interpretarle en toda su significacion , quiere decir
hombre de la sangre real. Que á
los curacas, por grandes señores que
fuesen , no les llaman Incas. Palla
quiere decir muger de la sangre
real , y para distinguir al rey de
los demas Incas le llaman Capa
Inca , que quiere decir solo señor,
de la manera que los suyos llaman
al turco Gran Señor. Adelante de-
clararemos todos los nombres re-
gios masculinos y femeninos para
los curiosos que gustarán saberlos.
Tambien llamaban los Indios á este su primer rey y á sus descendientes Intip churin , que quiere
decir hijo del sol ; pero este nombre mas se lo daban por naturaleza,
como falsamente lo creian que por
imposicion.

CAPÍTULO XXV.

Testamento y muerte del Inca
Manco Capac.

Manco Capac reynó muchos años,
mas no saben decir de cierto quántos : dicen que mas de treinta , y
otros que mas de quarenta, ocupado siempre en las cosas que hemos
dicho ; y quando se vió cercano á
la muerte llamó á sus hijos, que
eran muchos , así de su muger la
reyna Mama Oello Huaco , como
de las concubinas que habia tomado , diciendo que era bien que hubiese muchos hijos del sol. Llamó
asimismo los mas principales de
sus vasallos , y por via de testamento les hizo una larga plática,
encomendando al principe heredero y á los demas sus hijos el amor
y beneficio de los vasallos ; y á los

vasallos la fidelidad y servicio de
su rey , y la guarda de las leyes
que les dexaba; afirmando que todas las habia ordenado su padre el
sol. Con esto despidió los vasallos,
y á los hijos hizo en secreto otra
plática, que fue la ultima , en que
les mandó siempre tuviesen en la
memoria que eran hijos del sol para le respetar y adorar como á Dios
y como á padre : dixoles que á imitacion suya hiciesen guardar sus
leyes y mandamientos , que ellos
fuesen los primeros en guardarles
para dar exemplo á los vasallos; y
que fuesen mansos y piadosos , que
reduxesen los Indios por amor, atra-
yéndolos con beneficios y no por
fuerza , que los forzados nunca les
serian buenos vasallos, que los man-
tuviesen en justicia sin consentir
agravio entre ellos ; y en suma les
dixo, que en sus virtudes mostra-
sen que eran hijos del sol , confir-

mando con las obras lo que certificaban con las palabras para que los
Indios les creyesen; donde no, que
harian burla de ellos si les viesen
decir uno y hacer otro. Mandóles
que todo lo que les dexaba enco-
mendado, lo encomendasen ellos á
sus hijos y descendientes de generacion en generacion, para que cumpliesen y guardasen lo que su padre el sol mandaba, afirmando que
todas eran palabras suyas, y que
así las dexaba por via de testamento y ultima voluntad. Dixoles que
le llamaba el sol, y que se iba á
descansar con él, que se quedasen
en paz, que desde el cielo tendria
cuidado de ellos, y les favoreceria
y socorreria en todas sus necesidades. Diciendo estas cosas y otras
semejantes, murió el Inca Manco
Capac: dexó por príncipe heredero
á Sinchi Roca su hijo primogénito,
y de la Coya Mama Oello Huaco

su muger y hermana. Demas del
príncipe dexaron estos reyes otros
hijos é hijas , los quales casaron
entre sí unos con otros por guardar limpia la sangre que fabulo-
samente decian descender del sol,
porque es verdad que tenian en suma veneracion la que descendia limpia de estos reyes sin mezcla de
otra , porque la tuvieron por divina y toda la demas por humana,
aunque fuese de grandes señores de
vasallos que llaman Curacas.

El Inca Sinchi Roca casó con
Mama Ocllo ó Mama Cora , como
otros quieren , su hermana mayor,
por imitar el exemplo del padre y
el de los abuelos sol y luna ; porque en su gentilidad tenian que la
luna era hermana y muger del sol.
Hicieron este casamiento por conservar la sangre limpia , y porque
al hijo heredero le perteneciese el
reyno , tanto por su madre como

por su padre , y por otras razones
que adelante diremos mas largo.
Los demas hermanos legítimos y no
legítimos tambien casaron unos con
otros por conservar y aumentar la
sucesion de los Incas. Dixeron que
el casar de estos hermanos unos con
otros lo habia ordenado el sol , y
que el Inca Manco Capac lo habia
mandado, porque no tenian sus hijos
con quién casar para que la sangre
se conservase limpia; pero que despues no pudiese nadie casar con la
hermana sino solo el Inca heredero,
lo qual guardaron ellos, como lo veremos en el proceso de la historia.

Al Inca Manco Capac lloraron
sus vasallos con mucho sentimiento : duró el llanto y las exêquias
muchos meses. Embalsamaron su
cuerpo para tenerlo consigo y no
perderlo de vista , adoraronle por
dios , hijo del sol: ofrecieronle muchos sacrificios de carneros , cor-

deros, ovejas y conejos caseros, de
aves, de mieses y legumbres, con-
fesándole por señor de todas aquellas cosas que les habia dexado. Lo
que yo , conforme á lo que vi de
la condicion y naturaleza de aquellas gentes , puedo conjeturar del
origen de este príncipe Manco Inca , que sus vasallos por sus grandezas llamaron Manco Capac , es,
que debió de ser algun Indio de
buen entendimiento , prudencia y
consejo, y que alcanzó bien la mucha simplicidad de aquellas naciones, y vió la necesidad que tenian
de doctrina y enseñanza para la vida natural , y con astucia y saga-
cidad para ser estimado, fingió aquella fábula , diciendo que él y su
muger eran hijos del sol , que venian del cielo , y que su padre los
enviaba para que doctrinasen é hiciesen bien á aquellas gentes : y
para hacerse creer , debió de po-

nerse en la figura y hábito que tra-
jo., particularmente las orejas tan
grandes como los Incas las traian,
que cierto eran increibles á quien
no las hubiera visto como yo, y al
que las viera ahora, si las usan, se
le hará estraño imaginar cómo pudieron agrandarlas tanto. Y cómo
con los beneficios y honras que á
sus vasallos hizo, confirmase la fábula de su genealogía, creyeron
firmemente los Indios que era hijo
del sol venido del cielo y lo adoraron por tal, como hicieron los
gentiles antiguos con ser menos brutos, á otros que les hicieron semejantes beneficios; porque es así
que aquella gente á ninguna cosa
atiende tanto como á mirar si lo
que hacen los maestros conforma
con lo que les dicen; y hallando
conformidad en la vida y en la doctrina., no han menester argumentos para convencerlos á lo que qui-

sieren hacer de ellos. He dicho esto, porque ni los Incas de la sangre real, ni la gente comun no dan
otro origen á sus reyes, sino el
que se ha visto en sus fábulas historiales, las quales se semejan unas
á otras, y todas concuerdan en hacer á Manco Capac primer Inca.

CAPÍTULO XXVI.

Nombres reales y su significacion.

Será bien digamos brevemente la
significacion de los nombres reales
apelativos, así de los varones como de las mugeres, á quién y
cómo se los daban, y cómo usaban
de ellos: para que se vea la curiosidad que los Incas tuvieron en poner sus nombres y renombres, que
en su tanto no dexa de ser cosa no-
table. Y principiando del nombre
Inca, es de saber que en la per-

sona real significa rey ó emperador;
y en los de su linage quiere decir
hombre de la sangre real , que
el nombre Inca pertenecia á todos
ellos con la diferiencia dicha ; pero habian de ser descendientes por
la linea masculina y no por la fe-
meñina. Llamaban á sus reyes Capa Inca , que es solo rey , solo
emperador , ó solo señor , porque
Capa quiere decir solo; y este nombre no lo daban á otro alguno de
la parentela , ni aun al príncipe
heredero hasta que habia hereda-
do : porque siendo el rey solo , no
podian dar su apellido á otro , que
fuera ya hacer muchos reyes. Asimismo les llamaban Huacchacuyac,
que es amador y bienhechor de pobres , y este renombre tampoco lo
daban á otro alguno sino al rey,
por el particular cuidado que todos ellos desde el primero hasta el
ultimo tuvieron de hacer bien á

TOMO I.   H

sus vasallos. Ya atras queda dicho
la significacion del renombre Capac , que es rico de magnanimida-
des y de realezas para con los suyos : davanselo al rey solo y no
á otro, porque era el principal bienhechor de ellos. Tambien le llamaban Intip chutin , que es hijo del
sol , y este apellido se lo daban
á todos los varones de la sangre
real; porque segun su fábula descen-
dian del sol, y no se lo daban á las
hembras. A los hijos del rey y á
todos los de su parentela por linea
de varon llamaban Auqui , que es
infante, como en España á los hijos segundos de los reyes. Retenian este apellido hasta que se casaban , y en casándose les llamaban Inca. Estos eran los nombres
y renombres que daban al rey y á
los varones de su sangre real , sin
otros que adalante se verán , que
siendo nombres propios se hicie-

ron apellidos en los descendientes.

Viniendo á los nombres y apellidos de las mugeres de la sangre
real, es así que á la reyna, muger legítima del rey, llaman Coya, quiere decir reyna ó empera-
triz. Tambien le daban este apellido Mamanchic, que quiere decir
nuestra madre : porque á imitacion
de su marido hacia oficio de madre con todos sus parientes y vasallos. A sus hijas llamaban Coya
por participacion de la madre y
no por apellido natural ; porque
este nombre Coya pertenecia solamente á la reyna. A las concubinas del rey que eran de su parentela, y á todas las demas mugeres
de la sangre real llamaban Palla,
quiere decir muger de la sangre
real. A las demas concubinas del
rey que eran de las estrangeras y
no de su sangre llamaban Mamacu-
na, que bastaria decir matrona,

mas en toda su significacion quiere
decir muger que tiene obligacion de
hacer oficio de madre. A las infan-
tas hijas del rey, y á todas las demas hijas de la parentela y sangre
real llamaban Nusta , quiere decir
doncella de sangre real ; pero era
con esta diferencia, que á las legítimas en la sangre real decian llanamente Nusta, dando á entender que
eran de las legítimas en sangre. A
las no legítimas en sangre llamaban
con el nombre de la provincia de
donde era natural su madre , como
decir , Cólla Nusta , Huánca Nusta ; Yuca Nusta , Quitu Nusta y
así de las demas provincias. Este
nombre Nusta lo retenian hasta
que se casaban , y casadas se llamaban Palla.

Estos nombres y renombres daban á la descendencia de la sangre
real por linea de varon ; y en faltando esta linea , aunque la madre

fuese parienta del rey, que muchas veces daban los reyes parientas suyas de las bastardas por mugeres á grandes señores, sus hijos é hijas no tomaban de los apellidos de la sangre real, ni se llamaban Incas ni Pallas, sino del apellido de sus padres, porque de la descendencia femenina no hacian caso los Incas, por no baxar su sangre real de la alteza en que se tenia: que aun la descendencia masculina perdia mucho de su sér real por mezclarse con sangre de muger estrangera y no del mismo linage, quanto mas la femenina. Cotejando ahora los unos nombres con los otros veremos, que el nombre Coya, que es reyna, corresponde al nombre Capa Inca, que es solo señor; el nombre Mamanchic, que es madre nuestra, corresponde al nombre Huacchacúyac, que es amador y bienhechor de pobres,

el nombre Nusta , que es infanta,
corresponde al nombre Auqui, y el
nombre Palla , que es muger de la
sangre real , corresponde al nombre Inca. Estos eran los nombres
reales , los quales yo alcancé y
ví llamarse por ellos á los Incas y
á las Pallas, porque mi mayor conversacion en mis niñeces fue con
ellos. No podian los Curacas , por
grandes señores que fuesen , ni sus
mugeres ni hijos tomar estos nombres; porque solamente pertenecian
á los de sangre real , descendientes
de varon en varon : aunque Don
Alonso de Ercilla y Zuñiga en la
declaracion que hace de los vocablos indianos , que en sus galanos
versos escribe , declarando el nombre Palla , dice que significa seño-
ra de muchos vasallos y haciendas:
dicelo , porque quando este caballero pasó allá ya estos nombres In-
a y Palla en muchas personas

andaban impuestos impropiamente,
porque los apellidos ilustres y heroycos son apetecidos de todas las
gentes por bárbaras y baxas que
sean ; y así no habiendo quien lo
estorve , luego usurpan los mejores , como ha acaecido en mi
tierra.

CAPÍTULO XXVII.

Idolatría de la segunda edad:
su origen.

La que llamamos segunda edad y
la idolatría que en ella se usó, tuvo principio de Manco Capac, Inca.
Fue el primero que levantó la monarquía de los Incas reyes del Perú , que reynaron por espacio de
mas de quatrocientos años, aunque
el P. Blas Valera dice que fueron
mas de quinientos y cerca de seiscientos. De Manco Capac hemos

dicho ya quién fue y de dónde
vino, cómo dió principio á su imperio, y la reduccion que hizo de
aquellos Indios sus primeros vasallos, cómo les enseñó á sembrar,
criar, á hacer sus casas y pueblos,
y las demas cosas necesarias para
el sustento de la vida natural, y
cómo su hermana y muger la reyna Mama Oello Huaco enseñó á las
Indias á hilar, texer, criar sus hijos, á servir á sus maridos con amor,
regalo, y todo lo demas que una
buena muger debe hacer en su casa.
Asimismo diximos que les enseñaron la ley natural y les dieron leyes y preceptos para la vida moral en provecho comun de todos
ellos, para que no se ofendiesen en
sus honras y haciendas, y que juntamente les enseñaron su idolatría,
y mandaron que tuviesen y adorasen por principal dios al sol, persuadiéndoles á ello con su hermo-

sura y resplandor. Decíales que no
en valde el Pachacamac, que es el
Sustentador del mundo, le habia
aventajado tanto sobre todas las
estrellas del cielo dándoselas por
criadas, sino para que lo adorasen
y tuviesen por su dios. Represen-
tábales los muchos beneficios que
cada dia les hacia, y el que ultimamente les habia hecho en haberles enviado sus hijos, para que
sacándolos de ser brutos los hiciesen hombres, como lo habian visto por experiencia y adelante ve-
rian mucho mas andando el tiempo. Por otra parte los desengañaba
de la baxeza y vileza de sus muchos dioses, diciéndoles ¡qué esperanza podian tener de cosas tan viles para ser socorridos en sus necesidades, ó qué mercedes habian
recibido de aquellos animales, como lo recibian cada dia de su padre el sol! Mirasen, pues la vista

los desengañaba, que las yerbas,
plantas, árboles y las demas cosas
que adoraban las criaba el sol para
servicio de los hombres y sustento
de las bestias. Advirtiesen la diferencia que habia del resplandor y
hermosura del sol á la suciedad y
fealdad del sapo, lagartija, escuer-
zo y las demas savandijas que tenian por dioses. Sin esto mandaba
que las cazasen y se las traxesen
delante : deciales que aquellas savandijas mas eran para haberles as-
co y horror que para estimarlas y
hacer caso de ellas. Con estas razones y otras tan rústicas, persua-
dió el Inca Manco Capac á sus primeros vasallos á que adorasen al
sol y lo tuviesen por su dios.

Los Indios, convencidos con las
razones del Inca, y mucho mas
con los beneficios que les habia hecho, y desengañados con su propia
vista, recibiéron al sol por su Dios,

solo, sin compañía de padre ni hermano. A sus reyes tuviéron por hijos del sol, porque creyeron sim-
plicisimamente que aquel hombre
y aquella muger que tanto habian
hecho por ellos eran hijos suyos
venidos del cielo; y así entonces
los adoraron por divinos, y despues á todos sus descendientes, con
mucha mayor veneracion interior
y exterior que los gentiles antiguos, griegos y romanos adoraron
á Júpiter, Venus y Marte, &c.
Digo que hoy los adoran como entonces, que para nombrar alguno
de sus reyes Incas hacen primero
grandes ostentaciones de adoracion;
y si les repreenden que por qué
lo hacen, pues saben que fueron
hombres como ellos y no dioses,
dicen que ya están desengañados
de su idolatría; pero que los adoran por los muchos y grandes beneficios que de ellos recibiéron, que

se hubieron con sus vasallos como
Incas, hijos del sol y no menos,
que les muestren ahora otros hombres semejantes que tambien los
adorarán por divinos.

Esta fue la principal idolatría
de los Incas y la que enseñaron
á sus vasallos, y aunque tuviéron
muchos sacrificios, como adelante
dirémos, y muchas supersticiones,
como creer en sueños, mirar en
agüeros y otras cosas de tanta bur-
leria, como otras muchas que ellos
vedaron; en fin, no tuvieron mas
dioses que al sol, al qual adoraron
por sus excelencias y beneficios naturales, como gente mas conside-
rada y mas política que sus ante-
cesores los de la primera edad, y
le hicieron templos de increible ri-
queza; y aunque tuvieron á la luna por hermana y muger del sol,
y madre de los Incas, no la adoraron por diosa, ni le ofreciéron

sacrificios, ni le edificaron templos: tuviéronla en gran veneracion por madre universal, mas no pasaron adelante en su idolatría. Al relámpago, trueno y rayo tuvieron por criados del sol, como adelante verémos, en el aposento que les tenian hecho en la casa del sol en el Cozco; mas no los tuvieron por dioses, como quiere alguno de los Españoles historiadores; antes abominaron y abominan la casa ó qualquier otro lugar del campo donde acierta á caer algun rayo. La puerta de la casa cerraban á piedra y lodo para que jamás entrase nadie en ella; y el lugar del campo señalaban con mojones para que ninguno lo hollase. Tenian aquellos lugares por mal hadados, desdichados y malditos: decian que el sol los habia señalado por tales con su criado el rayo. Todo lo qual ví yo en Coz-

co, que en la casa real que fue
del Inca Huaynacápac, en la parte
que de ella cupo á Antonio Alta-
mirano quando repartiéron aquella ciudad entre los conquistadores,
en un quarto de ella habia caido
un rayo en tiempo de Huaynaca-
pac : los Indios le cerraron las
puertas á piedra y lodo, tomáron-
lo por mal agüero para su rey: dixeron que se habia de perder parte
de su imperio, ó acaecerle otra
desgracia semejante ; pues su padre
el sol señalaba su casa por lugar
desdichado. Yo alcancé el quarto
cerrado, despues lo reedificaron
los Españoles, y dentro de tres
años cayó otro rayo dió en el mismo quarto y lo quemó todo. Los
Indios ; entre otras cosas decian,
que ya que el sol habia señalado
aquel lugar por maldito, que para
qué volvian los Españoles á edifi-
carlo, sino dexarlo desamparado

como se estaba sin hacer caso de
él. Pues si como dice aquel historiador los tuvieran por dioses, claro está que adoráran aquellos sitios
por sagrados, y en ellos hicieran
sus mas famosos templos, diciendo que sus dioses el rayo, trueno
y relámpago querian habitar en
aquellos lugares, pues los señalaban y consagraban ellos propios. A
todos tres juntos llaman yllapa, y
por la semejanza tan propia dieron
este nombre al arcabuz. Los demás
nombres que atribuyen al trueno y
al sol en trinidad, son nuevamente
compuestos por los Españoles, y
en este particular y otros semejantes no tuvieron cierta relacion,
para lo que dicen; porque no hubo tales nombres en el general lenguage de los Indios del Perú, y
aun en la nueva compostura, como nombres no tan bien compuestos, no tienen significacion alguna

de lo que quieren ó querrian que
significasen.

CAPÍTULO XXVIII.

Rastrearon los Incas al verdadero
Dios.

Demas de adorar al sol por dios
visible, á quien ofreciéron sacrificios é hicieron grandes fiestas, como en otro lugar dirémos, los reyes
Incas y sus Amautas, que eran los
filósofos, rastrearon con lumbre natural al verdadero sumo Dios y señor nuestro, que crió el cielo y la
tierra, como adelante veremos en
los argumentos y sentencias que algunos de ellos dixeron de la Divina Magestad, al qual llamaron Pachacamac: es nombre compuesto
de pacha que es mundo universo,
y de cámac participio de presente,
del verbo cáma que es animar: el
qual verbo se deduce del nombre

.cáma que es anima: Pachacámac
quiere decir el que dá anima al
mundo universo, y en toda su propia y entera significacion quiere
decir, el que hace con el universo
lo que el anima con el cuerpo. Pedro de Cieza, capítulo setenta y
dos dice así: el nombre de este demonio queria decir hacedor del
mundo, porque cáma quiere decir
hacedor, y pacha mundo, &c. Por
ser Español no sabia la lengua tan
bien como yo que soy Indio Inca.
Tenian este nombre en tan gran
veneracion que no le osaban tomar
en la boca, y quando les era forzoso el tomarlo, era haciendo afectos y muestras de mucho acatamiento, encogiendo los hombros, in-
clinando la cabeza y todo el cuerpo, alzando los ojos al cielo y baxándolos al suelo, levantando las
manos abiertas en derecho de los
hombros dando besos al aire: que

entre los Incas y sus vasallos eran
ostentaciones de suma adoracion y
reverencia, con las quales demos-
traciones nombraban al Pachacamac, adoraban al sol, reverencia-
ban al rey, y no mas; pero esto tambien era por sus grados mas
y menos, á los de la sangre real
acataban con parte de estas ceremonias, y á los otros superiores,
como eran los caciques, con otras
muy diferentes é inferiores. Tuviéron al Pachacamac en mayor veneracion interior que al sol, que como he dicho, no osaban tomar su
nombre en la boca, y al sol le nombran á cada paso. Preguntado quien
era el Pachacamac, decian que era
el que daba vida al universo y le
sustentaba; pero que no le conocian porque no le habian visto, y
que por esto no le hacian templos
ni le ofrecian sacrificios: mas que
lo adoraban en su corazon, esto es

mentalmente , y le tenian por Dios
no conocido. Agustin de Zarate, libro segundo , capítulo quinto , escribiendo lo que el P. Fr. Vicente
de Valverde dixo al rey Atahualpa , que Christo nuestro señor habia
criado el mundo , dice que respondió el Inca : que él no sabia nada
de aquello, ni que nadie criase nada sino el sol á quien ellos tenian
por dios , á la tierra por madre,
y á sus guacas, y que Pachacamac
lo habia criado todo lo que allí habia, &c. de donde consta claro que
aquellos Indios le tenian por hacedor de todas las cosas.

Esta verdad que voy diciendo,
que los Indios rastrearon con este
nombre y se lo dieron al verdadero Dios nuestro , la testificó el
demonio mal que le pesó , aunque
en su favor como padre de menti-
ras diciendo verdad disfrazada con
mentira , ó mentira disfrazada con

verdad : que luego que vió pre-
dicar nuestro santo evangelio, y
que se bautizaban los Indios, dixo
á algunos familiares suyos en el valle que hoy llaman Pachacamac,
por el famoso templo que allí edificaron á este Dios no conocido,
que el Dios que los Españoles predicaban y él era todo uno; como
lo escribe Pedro de Cieza de Leon,
en la demarcacion del Perú, capítulo setenta y dos; y el R. P. Fr. Gerónimo Roman en la república de
las Indias occidentales, libro primero, capítulo quinto dice lo mismo, hablando ambos de este mismo Pachacamac, aunque por no saber la propia significacion del vocablo se le atribuyéron al demonio.
El qual en decir que el Dios de los
christianos y el Pachacamac era todo uno dixo verdad; porque la intencion de aquellos Indios fue dar
este nombre al sumo Dios que dá

vida y sér al universo, como lo
significa el mismo nombre: y en
decir que él era el Pachacamac
mintió, porque la intencion de los
Indios nunca fue dar este nombre
al demonio, que no le llamaron sino cupay, que quiere decir diablo;
y para nombrarle escupian primero en señal de maldicion y abomi-
nacion: y al Pachacamac nombraban con la adoracion y demonstraciones que hemos dicho. Empero
como este enemigo tenia tanto poder entre aquellos infieles, hacia-
se dios entrándose en todo aquello
que los Indios veneraban y acataban por cosa sagrada. Hablaba en
sus oráculos y templos, en los rincones de sus casas y en otras partes, diciéndoles que era el Pachacamac, y todas las demás cosas á que los Indios atribuían deidad; y por este engaño adoraban
aquellas cosas en que el demo-

nio les hablaba, pensando que era la deidad que ellos imaginaban; que si entendieran que era el demonio, las quemáran entónces como ahora lo hacen por la misericordia del Señor que quiso comunicarseles.

¿ Los Indios no saben de suyo, ó no osan dar la relacion de estas cosas con la propia significacion y declaracion de los vocablos, viendo que los christianos Españoles las abominan todas por cosas del demonio ; y los Españoles tampoco advierten en pedir la noticia de ellas con llaneza ; antes las confirman por cosas diabólicas como las imaginan: y tambien lo causa el no saber de fundamento la lengua general de los Incas , para ver y entender la deducion , composicion y propia significacion de las semejantes dicciones: y por esto en sus historias dan otro nombre á Dios que es Ticiviracocha , que yo no sé qué

signifique , ni ellos tampoco. Este
es el nombre Pachacamac que los
historiadores Españoles tanto abominan por no entender la significacion del vocablo ; y por otra parte
tienen razon, porque el demonio hablaba en aquel riquísimo templo,
haciéndose Dios debaxo de este
nombre , tomándolo para sí. Pero
si á mí que soy Indio christiano
católico por la infinita misericordia , me preguntasen ahora cómo
se llama Dios en tu lengua , diria.
Pachacamac; porque en aquel general lenguage del Perú no hay otro
nombre para nombrar á Dios sino
este ; y todos los demas que los
historiadores dicen, son generalmente
mente impropios; porque ó no son
del general lenguage ó son corrup-
tos con el lenguage de algunas provincias particulares ó nuevamente
compuestos por los Españoles ; y
aunque algunos de los nuévamente

compuestos pueden pasar conforme
á la significacion Española , como
el Pachayachacher que quieren que
diga hacedor del cielo , significan-
do enseñador del mundo , que para decir hacedor habia de decir Pa-
charurac, porque rura quiere decir hacér ; aquel general lenguage
los admite mal porque no son suyos naturales sino advenedizos , y
tambien porque en realidad de verdad en parte baxan á Dios de la
alteza y magestad donde le sube y
encumbra este nombre Pachacamac,
que es el suyo propio. Y para que
se entienda lo que vamos diciendo
es de saber , que el verbo yácha
significa aprender, pero añadiéndole
esta sílaba chi significa enseñar ; y
el verbo rura significa hacer , pero
con la chi , quiere decir hacer que
hagan ó mandar que hagan ; y lo
mismo es de todos los demás verbos que quieran imaginar. Y así co-

mo aquellos Indios no tuvieron
atencion á cosas especulativas sino
á cosas materiales, así estos sus
verbos no significan enseñar cosas
espirituales, ni hacer obras gran-
diosas y divinas, como hacer el
mundo, &c.; sino hacer y enseñar artes y oficios baxos y me-
cánicos, obras que pertenecen á
los hombres y no á la divinidad.
De toda la qual materialidad está
muy agena la significacion del nombre Pachacamac, que como se ha
dicho quiere decir el que hace con
el mundo universo lo que el alma
con el cuerpo, que es darle ser, vida, aumento y sustento, &c. Por
lo qual consta claro la impropiedad
de los nombres nuevamente compuestos para darselos á Dios, si
han de hablar en la propia significacion de aquel lenguage por la baxeza de sus significaciones; pero
puedese esperar que con el uso se

TOMO I.   I

vayan cultivando y recibiéndose
mejor; y adviertan los compone-
dores á no trocar la significacion
del nombre ó verbo en la composicion, que importa mucho para que
los Indios los admitan bien y no hagan burla de ellos, principalmente
en la enseñanza de la doctrina christiana para lo qual se deben compo-
ner, pero con mucha atencion.

CAPÍTULO XXIX.

*Tenian los Incas una cruz en lugar
sagrado.*

Tuviéron los reyes Incas en el
Cozco una cruz de mármol fino de
color blanco y encarnado que llaman jaspe cristalino, no saben decir desde qué tiempo la tenian. Yo
la dexé el año de mil quinientos
y sesenta en la sacristía de la iglesia Catedral de aquella ciudad, que

la tenian colgada de un clavo, asida
con un cordel que entraba por un
agujero que tenia hecho en el alto
de la cabeza. Acuérdome que el
cordel era un orillo de terciopelo
negro, quizá en poder de los Indios tenia alguna asa de plata ó de
oro, y quien la sacó de donde estaba la trocó por la de seda. La
cruz era quadrada, tan ancha como
larga: tendria de largo tres quar-
tas de vara antes menos que mas,
tres dedos de ancho y casi otro
tanto de grueso: era enteriza, toda
de una pieza muy bien labrada, con
sus esquinas muy bien sacadas, toda pareja labrada de quadrado, la
piedra muy bien bruñida y lustro-
sa. Tenianla en una de sus casas reales en un apartado de los que llaman huaca, que es lugar sagrado.
No adoraban en ella mas de que la
tenian en veneracion: debia ser por
su hermosa figura ó por algun otro

respeto que no saben decir. Así la
tuviéron hasta que el marqués Don
Francisco Pizarro entró en el valle
de Tumpiz, y por lo que allí le sucedió á Pedro de Candia, la adoraron y tuviéron en mayor veneracion, como en su lugar diremos.

Los Españoles quando ganaron
aquella imperial ciudad, é hicieron templo á nuestro sumo Dios,
la pusieron en el lugar que he dicho, no con mas ornato del que se
ha referido, que fuera muy justo
la pusieran en el altar mayor muy
adornada de oro y piedras preciosas, pues hallaron tanto de todo,
y aficionaran á los Indios á nuestra santa religion con sus propias
cosas comparándolas con las nuestras, como fue esta cruz y otras que
tuviéron en sus leyes y ordenanzas muy allegadas á la ley natural, que se pudieran cotejar con los
mandamientos de nuestra santa ley,

y con las obras de misericordia, que
las hubo en aquella gentilidad muy
semejantes como en adelante veremos. Y porque es apropósito de la
cruz decimos, que como es notorio
por acá se usa jurar á Dios y á la
cruz para afirmar lo que dicen así en
juicio como fuera de él, y muchos
lo hacen sin necesidad de jurar sino
del mal ábito hecho, decimos para
confusion de los que así lo hacen
que los Incas y todas las naciones
de su imperio no supieron jamás
qué cosa era jurar. Los nombres
del Pachacamac y del sol ya se ha
dicho la veneracion y acatamiento
con que los tomaban en la boca,
que no los nombraban sino para
adorarlos. Quando examinaban algun testigo, por muy grave que fuese el caso le decia el juez en lugar de juramento ¿ prometes decir
verdad al Inca? Decia el testigo sí
prometo. Volvia á decirle, mira

que la has de decir sin mezcla de
mentira, ni callar parte alguna de
lo que pasó, sino que digas llanamente lo que sabes en este caso.
Volvia el testigo á ratificarse, diciendo así lo prometo de veras. Entónces debaxo de su promesa le
dexaban decir todo lo que sabia del
hecho sin atajarle ni decirle, no
os preguntamos eso sino estotro,
ni otra cosa alguna. Y si era averiguacion de pendencia, aunque hubiese habido muerte, le decian, dí
claramente lo que pasó en esta pendencia sin encubrir nada de lo que
hizo ó dixo qualquiera de los dos
que riñeron, y así lo decia el testigo, de manera que por ambas las
partes decia lo que sabia en favor
ó en contra. El testigo no osaba
mentir, porque demas de ser aquella gente timidísima y muy reli-
giosa en su idolatría, sabia que le
habian de averiguar la mentira y

castigarle rigurosísimamente , que
muchas veces era con muerte si el
caso era grave : no tanto por el
daño que habia hecho con su dicho,
como por haber mentido al Inca
y quebrantado su real mandato que
les mandaba que no mintiesen. Sa-
bía el testígo que hablar con qualquiera juez era hablar con el mismo Inca que adoraban por dios ; y
este era el principal respétó que tenian sin los demas para no mentir
en sus dichos.

Despues que los Españoles ganaron aquel imperio sucedió un caso grave de muertes en una provincia de los Quéchuas. El corregidor
del Cozco envió allá un juez que
hiciese la averiguacion, el qual para tomar el dicho á un curaca, que
es señor de vasallos , le puso delante la cruz de su vara y le dixó
que jurase á Dios y á la cruz de
decir verdad. Dixo el Indio: aún

no me han bautizado para jurar como juran los christianos. Replicó el juez diciendo que jurase por sus dioses, el sol, la luna y sus Incas. Respondió el curaca: nosotros no tomamos esos nombres sino para adorarlos, y así no me es lícito jurar por ellos. Dixo el juez ¿qué satisfaccion tendrémos de la verdad de tu dicho sino nos dás alguna prenda? Bastará mi promesa, dixo el Indio; y entender que hablo personalmente delante de tu rey, pues vienes á hacer justicia en su nombre, que así lo haciamos con nuestros Incas: mas por acudir á la satisfaccion que pides juraré por la tierra, diciendo que se abra y me trage vivo como estoy si yo mintiere. El juez tomó el juramento viendo que no podia mas, y le hizo las preguntas que convenian acerca de los matadores para averiguar quienes eran. El curaca fue

respondiendo, y quando vió que
no le preguntaban nada acerca de
los muertos que habian sido agre-
sores de la pendencia dixo, que le
dexase decir todo lo que sabia de
aquel caso, porque diciendo una
parte y callando otra entendia que
mentia, y que no habia dicho entera verdad como lo habia prome-
tido. Y aunque el juez le dixo que
bastaba que respondiese á lo que
le preguntaban dixo, que no quedaba satisfecho ni cumplia su promesa sino decia por entero lo que
los unos y los otros hicieron. El
juez hizo su averiguacion como mejor pudo y se volvió al Cozco, donde causó admiracion el coloquio que
costó haber tenido con el curaca.

CAPÍTULO XXX.

Muchos dioses que los historiadores
Españoles impropiamente aplican
á los Indios.

Volviendo á la idolatría de los
Incas, decimos mas largamente que
atras se dixo, que no tuviéron mas
dioses que al sol, al qual adoraron
exteriormente : hiciéronle templos,
las paredes de alto á baxo, aforra-
das con planchas de oro: ofreciéron-
le sacrificios de muchas cosas: pre-
sentáronle grandes dádivas de mucho oro, y de todas las cosas mas
preciosas que tenian en agradeci-
miento de que él se las habia dado:
adjudicáronle por hacienda suya
la tercia parte de todas las tierras de labor de los reynos y provincias que conquistaron, cosecha de ellas, é innumerable gana-

do: hiciéronle casas de gran clau
sura y recogimiento para mugeres
dedicadas á él, las quales guardaban perpetua virginidad.

Demas del sol adoraron al Pachacamac, como se ha dicho, inte-
riormente por Dios no conocido.
Tuviéronle en mayor veneracion
que al sol: no le ofreciéron sacrificios ni le hicieron templos, porque decian que no le conocian porque no se habia dexado ver; empero que creían que lo habia. Y en su
lugar diremos del templo famoso y
riquísimo que hubo en el valle llamado Pachacamac dedicado á este Dios
no conocido. De manera que los Incas no adoraron mas dioses que los
dos que hemos dicho, visible é in-
visible, porque aquellos príncipes
y sus Amautas, que eran los filósofos
y doctores de su república, con ser
gente tan sin enseñanza de letras,
que nunca las tuvieron, alcanzaron

14

que era cosa indigna y de mucha
afrenta y deshonra aplicar honra,
poderío, nombre, fama ó virtud
divina á las cosas inferiores del cielo abaxo; y así establecićron ley
y mandaron pregonarla para que
en todo el imperio supiesen que no
habian de adorar mas de al Pachacamac por supremo Dios y Señor, al sol por el bien que hacia
á todos, á la luna venerasen y
honrasen porque era su muger y
hermana, y á las estrellas por da-
mas y criadas de su casa y corte.

Adelante en su lugar tratarémos del dios Viracocha, que fue una
fantasma que se apareció á un príncipe heredero de los Incas, diciendo que era hijo del sol. Los Españoles aplican otros muchos dioses
á los Incas, por no saber dividir
los tiempos y las idolatrías de aquella primera edad y las de la segunda, y tambien por no saber la pro-

piedad del lenguage , para saber
pedir y recibir la relacion de los
Indios ; de cuya ignorancia ha nacido dar á los Incas muchos dioses
ó todos los que ellos quitaron á los
Indios que sujetaron á su imperio,
que los tuvieron tantos y tan estraños como arriba se ha dicho. Particularmente nació este engaño de
no saber los Españoles las muchas
y diversas significaciones que tiene
este nombre huaca ; el qual , pronunciada la última sílaba en lo alto
del paladar, quiere decir, ídolo como Júpiter , Marte , Vénus y es
nombre que no permite que de él
se deduzca verbo para decir idola-
trar. Demas de esta primera y principal significacion tiene otras muchas , cuyos exemplos irémos poniendo para que se entiendan mejor:
quiere decir cosa sagrada, como eran
todas aquellas en que el demonio
les hablaba : esto es , los ídolos, las

peñas, piedras grandes ó árboles
en que el enemigo entraba para ha-
cerles creer que era Dios. Asimismo llaman huaca á las cosas que
habian ofrecido al sol, como figuras de hombres, aves y animales
hechas de oro ó de plata, ó de palo, y qualesquiera otras ofrendas
las quales tenian por sagradas, porque las habia recibido el sol en
ofrenda y eran suyas; y porque lo
eran las tenian en gran veneracion.
Tambien llaman huaca á qualquiera templo grande ó chico, y á los
sepulcros que tenian en los campos
á los rincones de las casas, de donde el demonio hablaba á los sacerdotes y á otros particulares que
trataban con él familiarmente; los
quales rincones tenian por lugares
santos, y así los respetaban como
á un oratorio ó santuario. Tambien
dán el mismo nombre á todas aquellas cosas que en hermosura ó en

excelencia se aventajan de las otras
de su especie, como una rosa , man-
zana ó camuesa , ó qualquiera otra
fruta que sea mayor y mas hermosa que todas las de su árbol ; y á
los árboles que hacen la misma ventaja á los de su especie le dan el
mismo nombre. Por el contrario llaman huaca á las cosas muy feas y
monstruosas que causan horror y
asombro ; y así daban este nombre
á las quiebras grandes de los Antis,
que son de á veinte y cinco y de á
treinta pies de largo. Tambien llaman huaca á las cosas que salen de
su curso natural , como á la muger
que pare dos de un vientre ; á la
madre y á los mellizos daban este
nombre por la estrañeza del parto
y nacimiento : á la parida sacaban
por las calles con gran fiesta y regocijo , y le ponian guirnaldas de
flores , con grandes bailes y cantares por su mucha fecundidad. Otras

naciones lo tomaban en contrario,
que lloraban teniendo por mal agüero los tales partos. El mismo nombre dan á las ovejas que paren dos
de un vientre, digo al ganado de
aquella tierra, que por ser grande
su ordinario parir nó es mas de uno
como vacas ó yeguas, y en sus sacrificios ofrecian mas ayna de los
corderos mellizos, si los habia que
de los otros, porque los tenian por
mayor deidad; por lo qual les llaman huaca; por el semejante llaman huaca al huevo de dos llemas;
y el mismo nombre dan á los niños
que nacen de pies ó doblados, ó
con seis dedos en pies ó manos, ó
nace corcobado ó con qualquiera de-
fecto mayor ó menor en el cuerpo
ó en el rostro, como sacar partido
alguno de los labios, que de estos
habia muchos, ó visojo que llaman
señalado de naturaleza. Asimismo
dan este nombre á las fuentes muy

caudalosas que salen hechas rios,
porque se aventajan de las comunes, y á las piedrecitas y guijarros
que hallan en los rios ó arroyos con
estraños labores ó de diversas colores que se diferencian de las ordinarias.

Llamaron huaca á la gran cordillera de la sierra nevada que corre por todo el Perú á la larga hasta el estrecho de Magallanes, por
su largura y eminencia: que cierto es admirabilísima á quien la mira con atencion. Dan el mismo nombre á los cerros muy altos que se
aventajan de los otros cerros, como las torres altas de las casas comunes, y á las cuestas grandes que
se hallan por los caminos, que las
hay de tres, quatro, cinco y seis
leguas de alto, casi tan derechas
como una pared. A las quales los
Españoles, corrompiendo el nombre,
dicen apachitas, y que los Indios

las adoraban y les ofrecian ofrendas. De las cuestas dirémos luego,
y qué manera de adoracion era la
que hacian y á quien. A todas estas cosas y otras semejantes llamaron huaca, no por tenerlas por dioses ni adorarlas, sino por la particular ventaja que hacian á las comunes, por esta causa las miraban
y trataban con veneracion y respeto. Por las quales significaciones
tan diferentes los Españoles, no entendiendo mas de la primera y
principal significacion que quiere
decir ídolo, entienden que tenian
por dioses todas aquellas cosas que
llaman huaca, y que las adoraban
los Incas, como lo hacian los de la
primera edad.

Declarando el nombre apachitas, que los Españoles dán á las cumbres de las cuestas muy altas y las
hacen dioses de los Indios, es de
saber que ha de decir apachecta,

es dativo, y el genitivo es apachec-
pa , de este participio de presente
apachec que es el nominativo , y
con la sílaba ta se hace dativo; quiere decir al que hace llevar , sin
decir quien es ni declarar qué es
lo que hace llevar , pero conforme
al frasis de la lengua como atrás hemos dicho y adelante dirémos de la
mucha significacion que los Indios
encierran en sola una palabra: quiere decir demos gracias y ofrezcamos
algo al que hace llevar estas car-
gas, dándonos fuerzas y vigor para
subir por cuestas tan ásperas como
ésta; y nunca lo decian si no quando
estaban ya en lo alto de la cuesta.
Por esto dicen los historiadores
Españoles que llamaban apachitas
á las cumbres de las cuestas , entendiendo que hablaban con ellas,
porque allí les oían decir esta palabra apachecta , y como no entienden lo que quiere decir , dánselo

por nombre á las cuestas. Entendian los Indios con lumbre natural que se debian dar gracias y hacer alguna ofrenda al Pachacamac, Dios no conocido, que ellos adoraban mentalmente por haberles ayudado en aquel trabajo; y así luego que habian subido la cuesta se descargaban, y alzando los ojos al cielo, baxándolos al suelo y haciendo las mismas ostentaciones de adoracion que atrás diximos para nombrar al Pachacamac, repetian dos, tres veces al dativo apachecta, y en ofrenda se tiraban de las cejas, y que arrancasen algun pelo ó no, lo soplaban hácia el cielo y echaban la yerba llamada cuca que llevaban en la boca, que ellos tanto precian, como diciendo que le ofrecian lo mas preciado que llevaban; y á mas no poder ni tener otra cosa mejor ofrecian algun palillo ó algunas pajuelas, si las hallaban por allí

cerca : y no las hallando ofrecian
un guijarro: donde no lo habia echaban un puñado de tierra, y de estas ofrendas habia grandes monto-
nes en las cumbres de las cuestas.
No miraban al sol quando hacian
aquellas ceremonias, porque no era
la adoracion á él sino al Pachacamac, y las ofrendas mas eran señales de sus afectos que no ofrendas, porque bien entendian que cosas tan viles no eran para ofrecer.
De todo lo qual soy testigo que lo
ví caminando con ellos muchas veces, y mas digo que no lo hacian
los Indios que iban descargados sino los que llevaban carga. Ahora en
estos tiempos, por la misericordia
de Dios, en lo alto de aquellas
cuestas tienen puestas cruces, que
adoran en hacimiento de gracias
de habarseles comunicado Christo
nuestro señor.

CAPÍTULO XXXI.

Otras muchas cosas que significa el nombre Huaca.

Esta misma diccion huaca, pronunciada la ultima sílaba en lo mas interior de la garganta se hace verbo, quiere decir llorar, por lo qual dos historiadores Españoles que no supieron esta diferencia, dixeron: los Indios entran llorando y guayando en sus templos á sus sacrificios, que huaca eso quiere decir: habiendo tanta diferencia de este significado llorar á los otros, y siendo el uno verbo y el otro nombre: verdad es que la diferente significacion consiste solamente en la diferente pronunciacion, sin mudar letra ni acento, que la ultima sílaba de la una diccion se pronuncia en lo alto del

paladar , y la de la otra en lo interior de la garganta. De la qual
pronunciacion , y de todas las demas que aquel lenguage tiene , no
hacen caso alguno los Españoles
por curiosos que sean, con impor-
tarles tanto el saberlas , porque
no las tiene el lenguage Español.
Verase el descuido de ellos por
lo que me pasó con un religioso
dominico que en el Perú habia sido quatro años catedrático de la
lengua general 'de aquel imperio,
el qual por saber que yo era natural de aquella tierra , me comuni-
có , y yo le visité muchas veces
en San Pablo de Córdoba. Acaeció
que un dia hablando de aquel lenguage, y de las muchas y diferentes significaciones que unos mismos vocablos tienen , dí por exemplo este nombre pacha que , pro-
nunciado llanamente como suenan
las letras españolas , quiere decir

mundo universo, y tambien significa
el cielo, la tierra, el infierno y qualquiera suelo: dixo entonces el fray-
le., pues tambien significa ropa de
vestir, el ajuar y muebles de casa:
yo dixe. es verdad; pero digame
V. P. ¿qué diferencia hay en la pronunciacion que signifique eso? di-
xome, no la sé: respondile, habiendo sido maestro en la lengua
¿ignora esto? Pues sepa que para
que signifique ajuar ó ropa de vestir, han de pronunciar la primera
sílaba apretando los labios, y rom-
piéndolos con el ayre de la voz,
de manera que suene el romperlos;
y le mostré la pronunciacion de este nombre y otros *viva voce*, que
de otra manera no se puede enseñar. De lo qual el catedrático y
los demas religiosos que se hallaron á la plática se admiraron mucho. En lo que se ha dicho se ve
largamente quánto ignoran los Es-

pañoles los secretos de aquella lengua, pues este religioso con haber
sido maestro de ella no los sabia,
por do vienen á escribir muchos
yerros interpretándola mal , como
decir que los Incas y sus vasallos
adoraban por dioses todas aquellas
cosas que llaman huaca, no sabiendo las diversas significaciones que
tiene. Y esto baste de la idolatría
y dioses de los Incas , en la qual
idolatría y en la que antes de ellos
hubo, son mucho de estimar aquellos Indios, así los de la segunda
edad como los de la primera , que
en tanta diversidad y tanta burle-
ría de dioses como tuvieron , no
adoraron los deleytes ni los vicios,
como los de la antigua gentilidad
del mundo viejo qne adoraban á los
que ellos confesaban por adulteros,
homicidas, borrachos , y sobre todo al Priapo , con ser gente que
presumia tanto de sus letras y sa-

TOMO I.　　　K

ber, y esta otra tan agena de toda buena enseñanza.

El ídolo Tangatanga que un autor dice que adoraban en Chuquisaca, y que los Indios decian que en uno eran tres y en tres uno, yo no tuve noticia de tal ídolo, ni en el general lenguage del Perú hay tal diocion: quizá es del particular lenguage de aquella provincia, la qual está ciento y ochenta leguas del Cozco. Sospecho que el nombre está corrupto, porque los Españoles corrompen todos los mas que toman en boca; y que ha de decir acatanca, que quiere decir escaravajo: nombre con mucha propiedad compuesto de aca, que es estiercol, y de este verbo tanca, pronunciada la ultima silaba en lo interior de la garganta, que es empujar. Acatanca quiere decir el que empuja el estiercol.

Que en Chuquisaca en aquella

primera edad y antigua gentilidad
antes del imperio de los reyes Incas lo adorasen por dios , no me
espantaria; porque, como queda dicho , entonces adoraban otras cosas tan viles , mas no despues de
los Incas que las prohibieron todas. Que digan los Indios que en
uno eran tres y en tres uno , es invencion nueva de ellos, que la han
hecho despues que han oído la trinidad y unidad del verdadero Dios,
nuestro Señor, para adular á los Españoles con decirles que tambien
ellos tenian algunas cosas semejantes á las de nuestra santa religion
como ésta y la trinidad , que el
mismo autor dice que daban al sol
y al rayo , que tenian confeso-
res , y que confesaban sus pecados
como los Christianos. Todo lo qual
es inventado por los Indios , con
pretension de que siquiera por semejanza se les haga alguna corte-

P 2

sia. Esto afirmo como Indio que
conozco la natural condicion de los
Indios : y digo que no tuvieron
ídolos con nombre de trinidad ; y
aunque el general lenguage del Perú , por ser tan corto de vocablos , comprehende en junto con
solo uno tres y quatro cosas diferentes como el nombre illapa , que
comprehende el relampago , trueno y rayo , y este nombre maqui,
que es mano, comprehende la mano , la tabla del brazo y el molle-
do : lo mismo es del nombre chaqui , que pronunciada llanamente
como letras castellanas, quiere decir pie , comprehende el pie , la
pierna y el muslo ; y por el semejante otros muchos nombres que
pudieramos traer á cuenta; mas no
por eso adoraron ídolos con nombre de trinidad, ni tuvieron tal nombre en su lenguage como adelante
verémos. Si el demonio pretendia

hacerse adorar debaxo de tal nombre, no me espantaré, que todo lo podia con aquellos infieles idolatras tan alejados de la christiana verdad. Yo cuento llanamente lo que entonces tuvieron aquellos gentiles en su vana religion. Decimos tambien que el mismo nombre chaqui, pronunciada la primera sílaba en lo alto del paladar se hace verbo, y significa haber sed, estar seco ó enjugarse qualquiera cosa mojada, que tambien son tres significaciones en una palabra.

CAPÍTULO XXXII.

Lo que un autor dice de los dioses que tenian.

En los papeles del P. M. Blas Valera hallé lo que se sigue, que por ser á proposito de lo que hemos dicho, y por valerme de su autoridad holgué de tomar el tra-

bajo de traducirlo y sacarlo aquí.
Dícelo hablando de los sacrificios
que los Indios de México y de
otras regiones hacian , y de los
dioses que adoraban , dice así : No
se puede explicar con palabras, ni
imaginar sin horror y espanto quán
contrarios á religion, quán terribles,
crueles é inhumanos eran los géneros
de sacrificios que los Indios acos-
tumbraban hacer en su antigüedad,
ni la multitud de los dioses que
tenian , que solo en la ciudad de
México y sus arrabales habia mas
de dos mil. A sus ídolos y dioses
llaman en comun teult : en parti-
lar tuvieron diversos nombres. Empero lo que Pedro Martir , el Obispo de Chiapa y otros afirman de
que los Indios de las islas de Cu-
zumela , sujetos á la provincia de
Yucatan , tenian por dios la señal
de la cruz, que la adoraron y que
los de la jurisdiccion de Chiapa

tuvieron noticia de la Santísima
Trinidad y de la Encarnacion de
nuestro Señór, fue interpretacion
que aquellos autores y otros Españoles imaginaron y aplicaron á estos
misterios: tambien como aplicaron
en las historias del Cozco á la trinidad las tres estatuas del sol que dicen
que habia en su templo, y las del
trueno y rayo. Si el dia de hoy, con
haber habido tanta enseñanza de
Sacerdotes y Obispos, apenas saben
si hay Espíritu Santo ¿ cómo pudieron aquellos bárbaros en tinieblas tan obscuras tener tan clara noticia de los misterio de la Encarnacion y Trinidad? La manera
que nuestros Españoles tenian para escribir sus historias, era que
preguntaban á los Indios en lengua castellana las cosas que de ellos
querian saber. Los Farautes por no
tener entera noticia de las cosas
antiguas y por no saberlas de me-

moria , las decian faltas y menos-
cabadas , ó mezcladas con fábulas
poéticas ó historias fabulosas ; y
lo peor que en ello habia , era la
poca noticia y mucha falta que cada uno de ellos tenia del lenguage
del otro para entenderse al pregun-
tar y responder, y esto era por la
mucha dificultad que la lengua in-
diana tiene , y por la poca enseñanza que entonces tenian los Indios de la lengua castellana: lo qual
era causa que el Indio entendiese
mal lo que el Español le preguntaba, y el Español entendiese peor
lo que el Indio le respondia. De
manera que muchas veces entendia el uno y el otro en contra de
las cosas que hablaban. Otras muchas veces entendian las cosas semejantes y no las propias ; y
pocas veces las propias y verdaderas. En esta confusion tan grande , el sacerdote ó seglar que las

preguntaba , tomaba á su gusto y
eleccion lo que le parecia mas semejante y mas allegado á lo que
deseaba saber y lo que imaginaba
que podria haber respondido el Indio. Y así , interpretándolas á su
imaginacion y antojo , escribieron
por verdades cosas que los Indios no soñaron: porque de las historias verdaderas de ellos no se
puede sacar misterio alguno de nuestra religion christiana. Aunque no
hay duda sino que el demonio, como tan soberbio , haya procurado
siempre ser tenido y honrado como Dios , no solamente en los ritos y ceremonias de la gentilidad,
mas tambien en algunas costumbres
de la religion christiana , las quales , como mona envidiosa , ha in-
tróducido en muchas regiones de
las Indias para ser por esta via honrado y estimado de estos hombres
miserables. Y de aquí es que en

K 3

una región se usaba la confesion
vocal para limpiarse de los delitos:
en otra labar la cabeza á los niños : en otras provincias tener ayu-
nos asperísimos, y en otras que de
su voluntad se ofrecian á la muerte
por su falsa religion ; para que como en el mundo viejo los fieles
christiános se ofrecian al martirio
por la fe católica , así tambien en
nuevo mundo los gentiles se ofreciesen á la muerte por el malvado
demonio. Pero lo que dicen que
Icona es Dios Padre , Bacab Dios
Hijo, Estruac Dios Espíritu Santo,
que Chiribia es la Santísima Vír-
gen María , Ischen la Bienaventu-
rada Santa Ana , y que Bacab muerto por Eopuco , es Christo nuestro
Señor crucificado por Pilato , todo
esto y otras cosas semejantes son
invenciones y ficciones de algunos Españoles que los naturales
totalmente las ignoran. Lo cierto

es que éstos fueron hombres y mugeres que los naturales de aquella tierra honraron entre su dioses,
cuyos nombres eran estos que se
han dicho , porque los Mexicanos
tuvieron dioses y diosas que adoraron : entre ellos hubo algunos
muy sucios , los quales entendian
aquellos Indios que eran dioses de
los vicios, como fue Tlazolteult dios
de la luxuria , Ometochtli dios de
la embriaguez , Vitcilopuchtli dios
de la milicia ó del homicidio. Icona
era el Padre de todos sus dioses:
decian que los engendró en diversas mugeres y concubinas : tenian-
le por dios de los padres de fami-
lias. Bacab era dios de los hijos de
familia. Estruac dios del ayre. Chi-
ripia era madre de los dioses , y de
la tierra misma. Ischen era ma-
drastra de sus dioses. Tlaloc dios
de las aguas. Otros dioses honraban por autores de las virtudes.

K 4

morales , como fue Quezalcoatht
dios aëreo , reformador de las costumbres. Otros por patrones de la
vida humana , por sus edades. Tuvieron inumerables imágenes y figuras de dioses, inventados para diversos oficios y diversas cosas Muchos de ellos eran muy sucios.
Unos tuvieron en comun , otros
en particular. Eran añales, que cada año y cada uno los mudaba y
trocaba conforme á su antojo , y
desechados los dioses viejos por
infames , ó porque no habian sido
de provecho , elegian otros dioses
ó demonios caseros. Otros dioses
tuvieron imaginados para presidir
y dominar en las edades de los niños , mozos y viejos. Los hijos podian en sus herencias aceptar ó repudiar los dioses de sus padres,
porque contra la voluntad de ellos
no les permitian reynar. Los viejos honraban otros dioses mayores

y tambien los desechaban , y en
lugar de ellos criaban otros en pasando el año ó la edad del mundo
que los Indios decian. Tales eran
los dioses que todos los naturales
de Méxicio , de Chiapa , de Gua-
timala , los de la Vera Paz y otros
muchos Indios tuvieron , creyendo
que los que ellos escogian eran los
mayores, mas altos y soberanos de
todos los dioses. Los dioses que
adoraban quando pasaron los Españoles á aquella tierra , todos eran
nacidos, hechos y elegidos despues
de la renovacion del sol en la ultima
edad , que segun lo dice Gomara,
cada sol de aquellos contenia ochocientos y sesenta años , aunque segun la cuenta de los mismos Mexicanos eran muchos menos. Esta
manera de contar por soles la edad
del mundo , fue cosa comun y usa-
da entre los de México y del Perú.
Y segun la cuenta de ellos , los

años del ultimo sol se cuentan desde el año del Señor de mil quarenta y tres. Conforme á esto no
hay duda sino que los dioses antiguos, que en el sol ó en la edad
antes de la ultima adoraron los naturales del imperio de México,
quiero decir, los que pasaron seiscientos ó setecientos años antes,
todos segun ellos mismos lo dicen,
perecieron ahogados en el mar, y
en lugar de ellos inventaron otros
muchos. De donde manifiestamen-
te se descubre ser falsa aquella
interpretacion de Icona, Barac y
Estruac, que dice que eran el Padre, el Hijo y el Espíritu Santo.

Toda la demas gente que habita
en las partes septentrionales que cor-
responden á las regiones septentrionales del mundo viejo, que son las
provincias de la Gran Florida y todas las islas, no tuvieron ídolos
ni dioses hechizos, solamente ado-

raban á los que Varron llama naturales , esto es , los elementos,
la mar , los lagos , rios , fuentes,
montes , animales fieros , serpien-
tes, las mieses y otras cosas de este jaez. La qual costumbre tuvo
principio y origen de los Caldeos,
y se derramó por muchas y diversas
naciones. Los que comian carne humana, que ocuparon todo el imperio
de México , todas las islas, y mucha parte de los términos del Perú,
guardaron bestialisimamente esta
mala costumbre hasta que reynaron los Incas y los Españoles. Todo
esto es del P. Blas Valera. En otra
parte dice que los Incas no adoraban sino al sol y á los planetas , y
que en esto imitaron á los Caldeos.

CAPÍTULO XXXIII.

Alcanzaron la inmortalidad del anima y la resurreccion universal.

Tuvieron los Incas Amautas que el hombre era compuesto de cuerpo y anima, que el anima era espíritu inmortal, y que el cuerpo era hecho de tierra, porque le veian convertirse en ella, y así le llaman allpacamasca, que quiere decir tierra animada; y para diferenciarle de los brutos le llaman runa, que es hombre de entendimiento y razon, y á los brutos en comun dicen llama, que quiere decir bestia. Dieronles lo que llaman anima vegetativa y sensitiva, porque les veian crecer y sentir, pero no la racional. Creian que habia otra vida despues de ésta, con pena para los malos y descanso para

los buenos. Dividian el universo en
tres mundos: llaman al cielo hanan
pacha, que quiere decir mundo alto, donde decian que iban los buenos á ser premiados de sus virtudes : llamaban hurin pacha á este
mundo de la generacion y corrupcion, que quiere decir mundo baxo;
llamaban ucu pacha al centro de
la tierra, que quiere decir mundo
inferior de allá abaxo, donde decian que iban á parar los malos ; y
para declararlo mas le daban otro
nombre, qne es cupaypa huacin,
que quiere decir casa del demonio.
No entendian que la otra vida era
espiritual sino corporal como esta
misma. Decian que el descanso del
mundo alto era vivir una vida quieta, libre de los trabajos y pesa-
dumbres que en ésta se pasan. Y
por el contrario, tenian que la vida del mundo inferior, que llamamos infierno, era llena de todas

las enfermedades , dolores , pesa-
dumbres y trabajos que acá se pa-
decen, sin descanso ni contento alguno. De manera que esta misma
vida presente dividian en dos partes : daban todo el regalo , descanso y contento de ella á los que habian sido buenos, y las penas y trabajos á los que habian sido malos. No
nombraban los deleytes carnales ni
otros vicios entre los gozos de la
otra vida , sino la quietud del animo sin cuidados , y el descanso del
cuerpo sin los trabajos corporales.

Tuvieron asimismo los Incas
la resurreccion universal , no para
gloria ni pena, sino para la misma
vida temporal , que no levantaron
el entendimiento á mas que esta
vida presente. Tenian grandísimo
cuidado de poner en cobro los cabellos y uñas que se cortaban , tres-
quilaban ó arrancaban con el pey-
ne : ponianlos en los agujeros ó res-

quicios de las paredes; y si con el
tiempo se caian , qualquiera otro
Indio que los veia los alzaba y ponia á recaudo. Muchas veces, por
ver lo que decian , pregunté á diversos Indios y en diversos tiempos para qué hacian aquello , y todos me respondian unas mismas palabras, diciendo : sabete que todos
los que hemos nacido hemos de
volver á vivir en el mundo, no tuvieron verbo para decir resucitar,
y las animas se han de levantar de
las sepulturas con todo lo que fue
de sus cuerpos; y porque las nuestras no se detengan buscando sus
cabellos y uñas , que ha de haber,
aquel dia gran bullicio y mucha
priesa , se las ponemos aquí juntas
para que se levanten mas ayna ; y
aun si fuera posible habiamos de
escupir siempre en un lugar. Francisco Lopez de Gomara , capítulo
ciento veinte y cinco, hablando de

los entierros que á los reyes y á los grandes señores hacian en el Perú, dice estas palabras, sacadas á la letra: Quando Españoles abrian estas sepulturas y desparcian los huesos, les rogaban los Indios que no lo hiciesen, porque juntos estuviesen al resucitar: cá bien creen la resurreccion de los cuerpos y la inmortalidad de las almas &c. Pruebase claro lo que vamos diciendo, pues este autor con escribir en España sin haber ido á Indias, alcanzó la misma relacion. El Contador Agustin de Zarate, libro primero, capítulo doce, dice en esto casi las mismas palabras de Gomara, y Pedro de Cieza, capítulo sesenta y dos, dice: que aquellos Indios tuvieron la inmortalidad del anima y la resurreccion de los cuerpos. Estas autoridades y la de Gomara hallé leyendo estos autores, despues de haber escrito yo lo que

en este particular tuvieron mis parientes en su gentilidad : holgué
muy mucho con ellas, porque cosa tan agena de gentiles como la resurreccion parecería invencion mia
no habiéndola escrito algun Español. Y certifico que las hallé despues
de haberlo yo escrito ; porque se
crea que en ninguna cosa de estas
sigo á los Españoles, sino que quando los hallo huelgo de alegarlos en
confirmacion de lo que oí á los
mios de su antigua tradicion. Lo
mismo me acaeció en la ley que
habia contra los sacrílegos y adúl-
teros con las mugeres del Inca ó
del sol, que adelante verémos, que
despues de haberla yo escrito la
hallé acaso leyendo la historia del
contador general Agustin de Zarate , con que recibí mucho contento por alegar á un caso tan grave
un historiador Español. Cómo ó
por qué tradicion tuviesen los In-

cas la resurreccion de los cuerpos,
siendo artículo de fe , no lo sé , ni
es de un soldado como yo inqui-
rirlo , ni creo que se pueda averiguar con certidumbre hasta que
el Sumo Dios sea servido manifes-
tarlo : solo puedo afirmar con verdad que lo tenian. Todo este cuento escribí en nuestra historia de
la Florida , sacándola de su lugar
por obedecer á los de la Compañía
de Jesus , Miguel Vazquez de Pa-
dilla , natural de Sevilla , y Gero-
nimo de Prado , natural de Ubeda
que me lo mandaron así, y de allí
lo quité , aunque tarde , por ciertas causas tiránicas, ahora lo vuel-
vo á poner en su puesto porque no
falte del edificio piedra tan principal : y así iremos poniendo otras
como se fueren ofreciendo, que no
es posible contar de una vez las
niñerías ó burlerías que aquellos
Indios tuvieron , que una de ellas

fue tener que el alma salia del cuerpo mientras él dormia; porque decian que ella no podia dormir , y
que lo que veia por el mundo eran
las cosas que decimos haber soña-
do. Por esta vana creencia miraban
tanto en los sueños y los interpre-
taban , diciendo que eran agüeros
y pronósticos para conforme á ellos
temer mucho mal ó esperar mucho
bien.

CAPÍTULO XXXIV.

Cosas que sacrificaban al sol.

Los sacrificios que los Incas ofre-
cieron al sol fueron de muchas y
diversas cosas , como animales do-
mésticos, grandes y chicos. El sacrificio principal y el mas estimado era el de los corderos, luego el
de los carneros , y luego el de las
ovejas machorras. Sacrificaban co-

nejos caseros , todas las aves que
eran de comer , sebo á solas , y
todas las mieses y legumbres , hasta la yerba cuca y ropa de vestir
de la muy fina. Todo lo qual quemaban en lugar de incienso , y lo
ofrecian en hacimiento de gracias
de que lo hubiese criado el sol para sustento de los hombres. Tambien ofrecian en sacrificio mucho
brevage de lo que bebian , hecho
de agua y maiz , y en las comidas
ordinarias quando les traian de beber despues que habian comido,
que mientras comian nunca bebian,
á los primeros vasos mojaban la
punta del dedo de enmedio , y mirando al cielo con acatamiento, des-
pedian del dedo , como quien da
papirotes , la gota del brevage que
en él se les habia pegado , ofre-
ciéndola al sol en hacimiento de
gracias porque les daba de beber,
y con la boca daban dos ó tres

besos al ayre que, como hemos dicho , era entre aquellos Indios señal de adoracion. Hecha esta ofrenda en los primeros vasos , bebian
lo que se les antojaba sin mas ceremonias.

Esta última ceremonia ó idolatría yo la ví hacer á los Indios no
bautizados , que en mi tiempo aun
habia muchos viejos por bautizar,
y á necesidad yo bauticé algunos.
De manera que en los sacrificios
fueron los Incas casi ó del todo semejantes á los Indios de la primera edad , solo se diferenciaron en
que no sacrificaron carne , ni sangre humana con muerte , antes lo
abominaron y prohibieron , como
el comerla ; y si algunos historiadores lo han escrito , fue porque
los relatores los engañaron , por no
dividir las edades y las provincias,
donde y quando se hacian los semejantes sacrificios de hombres,

mugeres y niños, y así un histó-
riador dice, hablando de los Incas,
que sacrificaban hombres; y nom-
bra dos provincias, donde dice que
se hacian los sacrificios. La una está poco menos de cien leguas del
Cozco, que aquella ciudad era donde los Incas hacian sus sacrificios;
y la otra es una de dos provincias
de un mismo nombre, la una de
las quales está doscientas leguas al
sur del Cozco, y la otra mas de
quatrocientas al norte. De donde
consta claro, que por no dividir
los tiempos y los lugares, atribuyen muchas veces á los Incas muchas cosas de las que ellos prohi-
biéron á los que sujetaron á su imperio, que las usaban en aquella
primera edad antes de los reyes
Incas.

Yo soy testigo de haber oido mas
de una vez á mi padre y á sus con-
temporaneos, cotejando las dos re-

públicas México y Perú, hablando
en este particular de los sacrificios
de hombres y del comer carne humana, que loaban tanto á los Incas
del Perú, porque no los tuvieron
ni consintieron, quanto abominaban
á los de México, porque lo uno y
lo otro se hizo dentro y fuera de
aquella ciudad, tan diabólicamen-
te como lo cuenta la historia de su
conquista, la qual es fama cierta
aunque secreta que la escribió el
mismo que la conquistó y ganó dos
veces, lo qual yo creo para mí,
porque en mi tierra y en España
lo he oído á caballeros fidedignos
que lo han hablado con mucha certificacion; y la misma obra lo muestra á quien la mira con atencion,
y fue lastima que no se publicase
en su nombre para que la obra tuviera mas autoridad, y el autor
imitára en todo al gran Julio César.

Volviendo á los sacrificios, decimos que los Incas no los tuviéron, ni los consintieron hacer de
hombres ó niños, aunque fuese en
enfermedades de sus reyes, como
lo dice otro historiador, porque no
las tenian por enfermedades como
las de la gente comun: teníanlas
por mensageros como ellos decian
de su padre el sol, que venian á
llamar á su hijo para que fuese á
descansar con él al cielo, y así eran
palabras ordinarias que las decian
aquellos reyes Incas quando se querian morir: mi padre me llama que
me vaya á descansar con él, y por
esta vanidad que predicaban, porque los Indios no dudasen de ella,
y de las demás cosas que á esta semejanza decian del sol, haciéndose hijos suyos, no consentian con-
tradecir su voluntad con sacrificios
por su salud, pues ellos mismos
confesaban que los llamaba para

que descansasen con él. Y esto baste para que se crea que no sacrifi-
·caban hombres, niños, ni mugeres;
y adelante contarémos mas largamente los sacrificios comunes y particulares que ofrecian, y las fiestas solemnes que hacian al sol.

Al entrar de los templos ó estando ya dentro, el mas principal
de los que entraban echaba mano
de sus cejas, como arrancando los
pelos de ellas, y que los arranca-
se ó no, los soplaba hácia el ídolo
en señal de adoracion y ofrenda; y
esta adoracion no la hacian al rey
sino á los ídolos ó árboles, ó otras
cosas donde entraba el demonio á
hablarles. Tambien hacian lo mismo los sacerdotes y las hechiceras quando entraban en los rincones y lugares secretos á hablar con
el diablo, como obligando aquella
deidad, que ellos imaginaban, á que
los oyese y respondiese, pues en

aquella démonstracion le ofrecian
sus personas. Digo que tambien les
ví hacer esta idolatría.

CAPÍTULO XXXV.

Los sacerdotes , ritos , ceremonias
y leyes se atribuyen al primer
Inca.

Tuviéron sacerdotes para ofrecer
los sacrificios. Los sacerdotes de la
casa del sol en el Cozco todos eran
Incas de la sangre real , para el
demás servicio del templo eran Incas de los de privilegio. Tenian
sumo sacerdote , el qual habia de
ser tio ó hermano del rey , y por
lo menos de los legítimos en sangre. No tuviéron los sacerdotes
vestimento particular sino el comun. En las demás provincias donde habia templos del sol, que fueron muchos , eran sacerdotes los
naturales de ellas , parientes de los

señores de las tales provincias; empero el sacerdote principal, como obispo, habia de ser Inca, para que los sacrificios y ceremonias se conformasen con las del metropolitano; ca en todos los oficios preminentes de paz ó de guerra ponian Incas por superiores, sin quitar los naturales por no los desdeñar y tiranizar. Tuviéron asimismo muchas casas de vírgenes, que unas guardaban su perpetua virginidad sin salir de casa, y otras eran concubinas del rey, de las quales dirémos adelante mas largamente de su calidad, clausúra, oficios y exercicios.

Es de saber que los reyes Incas, habiendo de establecer qualesquiera leyes ó sacrificios, así en lo sagrado de su vana religion como en lo profano de su gobierno temporal, siempre lo atribuyéron al primer Inca Manco Capac, di-

ciendo que él las habia ordenado
todas, unas que habia dexado hechas y puestas en uso, y otras en
dibuxo para que adelante sus descendientes las perfeccionasen á sus
tiempos, porque como certificaban
que era hijo del sol, venido del cielo para gobernar y dar leyes á aquellos Indios, decian que su padre le
habia dicho y enseñado las leyes
que habia de hacer para el beneficio
comun de los hombres, y los sacrificios que le habian de ofrecer
en sus templos. Afirmaban esta fábula por dar con ella autoridad á
todo lo que mandaban y ordenaban,
y por esta causa no se puede decir con certidumbre qual de los Incas hizo tal ó tal ley, porque como careciéron de escritura, careciéron tambien de muchas cosas
que ella guarda para los venideros.
Lo cierto es que ellos hicieron
las leyes y ordenanzas que tuvié-

ron, sacando unas de nuevo y re-
formando otras viejas y antiguas,
segun que los tiempos y las necesidades las pedian. A uno de sus
reyes, como en su vida verémos,
hacen gran legislador, que dicen que
dió muchas leyes de nuevo, que
enmendó y amplió todas las que halló hechas, y que fue gran sacerdote porque ordenó muchos ritos y
ceremonias en sus sacrificios, é
ilustró muchos templos con grandes
riquezas, que fue gran capitan y
que ganó muchos reynos y provincias : empero no dicen precisamente qué leyes dió, ni quales sacrificios ordenó ; y por no hallar mejor
salida se lo atribuyéron todo al primer Inca, así las leyes como el
principio de su imperio. Siguiendo
esta orden confusa, dirémos aquí
la primera ley, sobre la qual fun-
daban todo el gobierno de su república. Dicha esta y otras algunas

L 3

seguirémos la conquista que cada
rey hizo, y entre sus hazañas y
vidas irémos entremetiendo otras
leyes y muchas de sus costumbres,
maneras de sacrificios, los templos
del sol, las casas de las vírgenes,
sus fiestas mayores, y armar caballeros, el servicio de su casa, la
grandeza de su corte, para que con
la variedad de los cuentos no canse tanto la leccion: mas primero me
conviene comprobar lo que he dicho
con lo que los historiadores Españoles dicen en el mismo propósito.

CAPÍTULO XXXVI.

Se prueba lo dicho con historiado-
res Españoles.

Porque se vea que lo que atras
hemos dicho del orígen y principio
de los Incas, y de lo que antes de
ellos hubo, no es invencion mia sino comun relacion que los Indios

han hecho á los historiadores Españoles, me pareció poner un capítulo de los que Pedro de Cieza de Leon, natural de Sevilla, escribe en la primera parte de la crónica del Perú, que trata de la demarcacion de sus provincias, la descripcion de ellas, las fundaciones de las nuevas ciudades, los ritos y costumbres de los Indios y otras cosas, &c. Las quales palabras dá el autor por título á su obra. Escribióla en el Perú, y para escribirla con mayor certificacion anduvo, como él dice, mil y doscientas leguas de largo que hay por tierra desde el puerto de Uraba, hasta la villa de Plata, que hoy llaman ciudad de Plata. Escribió en cada provincia la relacion que le daban de las costumbres de ella, bárbaras ó políticas; escribiólas con division de los tiempos y edades. Dice lo que cada nacion tenia antes

que los Incas la sujetaran, y lo
que tuviéron despues que ellos im-
peraron: tardó nueve años en recoger y escribir las relaciones que
le dieron, desde el año de quinientos quarenta y uno, hasta el de
cincuenta, y habiendo escrito lo
que halló desde Uraba hasta Pasto,
luego que entra en el término que
fue de los Incas, hace capítulo
aparte, que es el treinta y ocho de
su historia, donde dice lo siguiente.

Porque en esta primera parte
tengo muchas veces de tratar de
los Ingas, y dar noticia de muchos
aposentos suyos y otras cosas memorables, me pareció cosa justa
decir algo de ellos en este lugar,
para que los lectores sepan lo que
estos señores fueron y no ignoren
su valor, ni entiendan uno por otro:
no embargante que yo tengo hecho libro particular de ellos y de
sus hechos, bien copioso. Por las

relaciones que los Indios del Cozco nos dan , se colige que habia
antiguamente gran desórden en todas las provincias de este reyno
que nosotros llamamos Perú , y que
los naturales eran de tan poca razon y entendimiento que es de no
creer , porque dicen que eran muy
bestiales , y que muchos comian
carne humana , y otros tomaban á
sus hijas y madres por mugeres;
cometiendo sin estos otros pecados
mayores y mas graves , teniendo
gran cuenta con el demonio , al
qual todos ellos servian y tenian
en grande estimacion.

Sin esto , por los cerros y co-
llados altos tenian castillos y fortalezas, desde donde por causas muy
livianas salian á darse guerra unos
á otros , y se mataban y cautivaban todos los mas que podian. Y
no embargante que anduviesen me-
tidos en estos pecados y cometie-

sen estas maldades, dicen tambien
que algunos de ellos eran dados á la
religion, que fue causa que en muchas partes de este reyno se hicieron grandes templos, en donde hacian sus oraciones, y era visto el
demonio y por ellos adorado, haciendo delante de los ídolos grandes sacrificios y supersticiones. Y viviendo de esta manera las gentes de este reyno, se levantaron grandes tiranos en las provincias del Collao
y en otras partes: los quales unos
á otros se daban grandes guerras,
y se cometian muchas muertes y
robos: y pasaron por unos y por
otros grandes calamidades; tanto
que se destruyéron muchos castillos y fortalezas, y siempre dura-
ba entre ellos la porfia de que no
poco se holgaba el demonio enemigo de natura humana, porque tantas animas se perdiesen.

Estando de esta suerte todas

las provincias del Perú, se levantaron dos hermanos, que el uno de
ellos habia por nombre Manco Capac, de los quales cuentan grandes
maravillas los Indios, y fábulas muy
donosas. En el libro por mi alega-
do, las podrá ver quien quisiere
quando salga á luz. Este Manco Capac fundó la ciudad del Cuzco,
estableció leyes á su usanza, y él
y sus descendientes se llamaron Ingas, cuyo nombre quiere decir ó
significar reyes ó grandes señores.
Pudieron tanto, que conquistaron
y señorearon desde el Pasto hasta
Chile: y sus banderas vieron por
la parte del sur al rio de Maule, y
por la del norte al rio Angasmayo,
y estos rios fueron términos de su
Imperio, que fue tan grande que
hay de una parte á otra mas de mil
trescientas leguas. Y edificaron
grandes fortalezas y aposentos fuer-
tes, y en todas las provincias te-

nian puestos capitanes y gobernadores. Hicieron tan grandes cosas,
y tuviéron tan buena gobernacion
que pocos en el mundo les hicié-
ron ventaja. Eran muy vivos de in-
genio, y tenian gran cuenta sin letras, porque estas no se han hallado en estas partes de las Indias.

Pusiéron en buenas costumbres
á todos sus súbditos, y diéronles
órden para que vistiesen y traxesen
ojotas en lugar de zapatos, que son
como albarcas. Tenian gran cuenta
con la inmortalidad del anima y
con otros secretos de naturaleza.
Creían que habia Hacedor de las cosas, y al sol tenian por dios soberano,
al qual hicieron grandes templos.
Y engañados del demonio adoraban
en árboles y en piedras como los
gentiles. En los templos principales tenian gran cantidad de vírgenes muy hermosas, conforme á las
que hubo en Roma en el templo

de Vesta , y casi guardaban los mismos estatutos que ellas.En los exer-
citos escogian capitanes valerosos
y los mas fieles que podian. Tuviéron grandes mañas para sin guerra
hacer de los enemigos amigos : y
á los que se levantaban castigaban
con gran severidad y no poca crueldad ; y pues como digo , tengo hecho libró de estos Ingas , basta lo
dicho para que los que leyeren este libro , entiendan lo que fueron
estos reyes , lo mucho que valie-
ron , y con todo volveré á mi camino.

Todo esto contiene el capítulo
treinta y ocho , donde parece que
en suma dice lo que nosotros hemos dicho , y dirémos muy á la larga de la idolatría , conquista y gobierno en paz y en guerra de estos
reyes Incas, y lo mismo va refiriendo adelante por espacio de ochenta
y tres capítulos que escribe del Pe-

rú, siempre habla en loor de los Incas. En las provincias donde cuenta que sacrificaban hombres, que comian carne humana, que andaban desnudos, y no sabian cultivar las tierras, que tenian otros abusos como adorar cosas viles y sucias, siempre dice que con el señorío de los Incas perdieron aquellas malas costumbres y aprendieron las de los Incas. Hablando de otras muchas provincias que tenian las mismas cosas, dice que aun no habia llegado allí el gobierno de los Incas. Y tratando de las provincias donde no habia tan bárbaras costumbres, sino que vivian con alguna política, dice: estos Indios se mejoraron con el imperio de los Incas. De manera que siempre les dá la honra de haber quitado los malos abusos y mejorado las buenas costumbres, como lo alegarémos en sus lugares, repitiendo sus mismas

palabras. Quien las quisiese ver á
la larga lea aquella su obra, y verá diabluras en costumbres de Indios, que aunque se las quisieran
levantar no hallára la imaginacion
humana tan grandes torpezas, pero
mirando que el demonio era el autor de ellas no hay que espantar-
nos, pues las mismas enseñaba á la
gentilidad antigua, y hoy enseña
á la que no ha alcanzado á ver la
luz de la fe católica.

En toda aquella su historia, con
decir en muchas partes que los Incas ó sus sacerdotes hablaban con
el demonio, y tenian otras grandes supersticiones, nunca dice que
sacrificaron hombres ó niños, solamente hablando de un templo cer-
ea del Cozco, dice que allí sacrificaban sangre humana, que es la
que echaban en cierta masa de pan,
sacándola por sangría de entre las
cejas, como en su lugar dirémos,

pero no con muerte de niños ni
de hombres. Alcanzó, como él dice, muchos curacas, que conocié-
ron á Huayna Capac el último de
los reyes, de los quales hubo muchas relaciones de las que escribió,
y las de entonces, que ha cincuenta y tantos años, eran diferentes
de las de estos tiempos, porque
eran mas frescas y mas allegadas á
aquella edad. Hase dicho todo esto por ir contra la opinion de los
que dicen que los Incas sacrificaban hombres y niños, que cierto
no hicieron tal. Pero tengala quien
quisiere que poco importa, que en
la idolatría todo cabe, mas un caso tan inhumano no se debia decir
sino es sabiéndolo muy sabido. El
P. Blas Valera, hablando de las an-
tigüedades del Perú y de los sacrificios que los Incas hacian al sol,
reconeciéndolo por padre, dice estas palabras que son sacadas á la le-

tra : en cuya reverencia hacian los
succesores grandes sacrificios al sol,
de ovejas y de otros animales , y
nunca de hombres , como falsamente afirmaron Polo y los que le si-
guieron , &c.

Lo que decimos que salieron
los primeros Incas de la laguna Titicaca , lo dice tambien Francisco
Lopez de Gomara , en la historia
general de las Indias, capítulo ciento
y veinte donde habla del linage de
Athuallpa que los Españoles pren-
dieron y mataron. Tambien lo dice
Agustin de Zarate , contador general que fue de la hacienda de su
Magestad , en la historia que escribió del Perú, libro primero, capítulo trece y el P. Joseph de Acosta , de la compañia de Jesus , lo
dice asimismo en el libro famoso
que compuso de la filosofia natural y moral del nuevo orbe , libro
primero , capítulo veinte y cin-

co , en la qual obra habla muchas
veces en loor de los Incas ; de manera que no decimos cosas nuevas,
sino que , como Indio natural de
aquella tierra , ampliamos y esten-
demos con la propia relacion , la
que los historiadores Españoles, como estrangeros , acortaron por no
saber la propiedad de la lengua , ni
haber mamado en la leche aquellas
fábulas y verdades como yo las mamé. Y con esto pasemos adelante á
dar noticia del orden que los Incas
tenian en el gobierno de sus reynos.

CAPÍTULO XXXVII.

*Dividiéron el Imperio en quatro
distritos. Registraban los vasallos.*

Los reyes Incas dividiéron su imperio en quatro partes que llamaron Tavantinsuyu , que quiere decir las quatro partes del mundo,

conforme á las quatro partes principales del cielo, oriente, poniente, septentrion y mediodia. Pusieron por punto ó centro la ciudad
del Cozco, que en la lengua particular de los Incas quiere decir
ombligo de la tierra: llamaronla
con buena semejanza ombligo, porque todo el Perú es largo y angosto
como un cuerpo humano, y aquella
ciudad está casi en medio. Llamaron
á la parte del oriente Antisuyu, por
una provincia llamada Anti, que
está al oriente, por la qual tambien
llaman Anti á toda aquella gran
cordillera de Sierra nevada que pasa
al oriente del Perú, por dar á entender que está al oriente. Llamaron Cuntisuyu á la parte del poniente, por otra provincia muy
pequeña llamada Cunti. A la parte
del norte llamaron Chinchasuyu,
por una gran provincia llamada
Chincha que está al norte de la

ciudad ; y al distrito del mediodia
llamaron Collasuyu , por otra grandísima provincia llamada Colla que
está al sur. Por estas quatro provincias entendian toda la tierra que
habia hácia aquellas quatro partes , aunque saliesen de los términos de las provincias muchas leguas adelante , como el reyno de
Chile , que con estar mas de seis-
cientas leguas al sur de la provincia Colla , era del partido Collasuyu , y el reyno de Quitu era del
distrito Chinchasuyu , con estar
mas de quatrocientas leguas de
Chincha al norte. De manera , que
nombrar aquellos partidos era lo
mismo que decir al oriente , al poniente, &c.: y á los quatro caminos
principales que salen de aquella
ciudad, tambien los llaman así porque van á aquellas quatro partes
del reyno.

Para principio y fundamento de

su gobierno, inventaron los Incas
una ley, con la qual les pareció
podrian prevenir y atajar los males que en sus reynos pudiesen nacer. Para lo qual mandaron que en
todos los pueblos grandes ó chicos
de su imperio, se registrasen los vecinos por decurias de diez en diez;
y que uno de ellos que nombraban
por decurion tuviese cargo de los
nueve. Cinco decurias de estas de
á diez tenian otro decurion superior, el qual tenia cargo de los
cincuenta. Dos decurias de á cincuenta tenia otro superior que mi-
raba por los ciento. Cinco decurias
de á ciento estaban sujetas á otro
capitan decurion que cuidaba de
los quinientos. Dos compañias de
á quinientos reconocian un general
que tenia dominio sobre los mil,
y no pasaban las decurias de mil
vecinos; porque decian que para
que uno diese buena cuenta basta-

ba encomendarle mil hombres. De
manera que había decurias de á diez,
de á cincuenta , de á ciento , de á
quinientos, de á mil , con sus decuriones ó cabos de esquadra, subordinados unos á otros de menores
á mayores , hasta el ultimo y mas
principal decurion que llamamos
general.

CAPÍTULO XXXVIII.

Tenian dos oficios los decu-
riones.

Los decuriones de á diez tenian obligacion de hacer dos oficios con los de su decuria ó esquadra. El uno era ser procurador para socorrerles con su diligencia y
solicitud en las necesidades que se
les ofreciesen , dando cuenta de
ellas al gobernador ó á qualquiera
otro ministro á cuyo cargo estu-

viese el proveerlas , como pedir
semilla si les faltaba para sembrar
ó para comer , lana para vestir , ó
rehacer la casa si se le caia ó quemaba , ó qualquiera otra necesidad
mayor ó menor. El otro oficio era
ser fiscal acusador de qualquiera
delito que alguno de los de su esquadra hiciese, por pequeño que
fuese , que estaba obligado á dar
cuenta al decurion superior á quien
tocaba el castigo del tal delito ó á
otro mas superior; porque conforme á la gravedad del pecado , así
eran los jueces unos superiores á
otros , y otros á otros , porque no
faltase quien lo castigase con bre-
vedad, y no fuese menester ir con
cada delito á los jueces superiores
con apelaciones una y mas veces,
y de ellos á los jueces supremos
de la corte. Decian que por la dilacion del castigo se atrevian muchos á delinquir ; y que los pley-

tos civiles, por las muchas apelaciones, pruebas y tachas se hacian
inmortales , y que los pobres por
no pasar tantas molestias y dila-
ciones eran forzados á desamparar
su justicia y perder su hacienda;
porque para cobrar diez se gasta-
ban treinta. Por ende tenian pro-
veido que en cada pueblo hubiese
juez que definitivamente sentenciase los pleytos que entre los vecinos se levantasen , salvo los que
se ofrecian entre una provincia y
otra sobre los pastos ó sobre los
términos , para los quales enviaba
el Inca juez particular, como adelante dirémos.

Qualquiera de los caporales inferiores ó superiores que se des-
cuidaba en hacer bien el oficio de
procurador , incurria en pena , y
era castigado por ello mas ó menos
rigurosamente, conforme á la necesidad que con su negligencia ha-

bia dexado de soçorrer. Y el que
dexaba de acusar el delito del subdito , aunque fuese holgar un dia
solo sin bastante causa, hacia suyo
el delito ageno , y se castigaban
por dos culpas , una por no haber
hecho bien su oficio , y otra por
el pecado ageno , que por haberlo
callado lo habia hecho suyo; y como cada uno , hecho caporal , como subdito tenia fiscal que velaba
sobre él , procuraba con todo cuidado y diligencia hacer bien su
oficio y cumplir con su obligacion;
y de aquí nacia que no habia va-
gamundos ni holgazanes , ni nadie
osaba hacer cosa que no debiese,
porque tenia el acusador cerca , y
el castigo era riguroso , que por
la mayor parte era de muerte por
liviano que fuese el delito ; porque decian que no los castigaban
por el delito que habian hecho, ni
por la ofensa agena , sino por ha-

ber quebrantado el mandamien-
to y rompido la palabra del Inca,
que lo respetaban como á Dios; y
aunque el ofendido se apartase de
la querella ó no la hubiese dado,
sino que procediese la justicia de
oficio ó por la via ordinaria de los
fiscales ó caporales, le daban la pena entera que la ley mandaba dar
á cada delito conforme á su calidad, ó de muerte, azotes, des-
tierro, ú otros semejantes.

Al hijo de familia castigaban
por el delito que cometia como á
todos los demas, conforme á la gravedad de su culpa, aunque no fuese sino la que llaman travesuras de
muchachos: respetaban la edad que
tenia para quitar ó añadir de la
pena conforme á su inocencia; y
al padre castigaban asperamente
por no haber doctrinado y corre-
gido á su hijo desde la niñez para
que no saliera travieso y de malas

costumbres. Estaba á cargo del decurion acusar al hijo de qualquiera delito, tambien como al padre;
por lo qual criaban los hijos con
tanto cuidado de que no anduviesen haciendo travesuras ni desver-
güenzas por las calles ni por los
campos, que demas de la natural
condicion blanda que los Indios
tienen, salian los muchachos por
la doctrina de los padres tan do-
mesticos, que de ellos á unos
corderos mansos no habia diferencia.

CAPÍTULO XXXIX.

*Algunas leyes que tuvieron los Incas
en su gobierno.*

Nunca tuvieron pena pecuniaria
ni confiscacion de bienes, porque
decian que castigar en la hacienda
y dexar vivos los delinqüentes, no

era desear quitar los malos de la
república, sino la hacienda á los
malhechores, y dexarlos con mas
libertad para que hiciesen mayores
males. Si algun curaca se revelaba,
que era lo que mas rigurosamente
castigaban los Incas, ó hacia otro
delito que mereciese pena de muerte, aunque se la diesen, no qui-
taban el estado al sucesor, sino que
se lo daban, representándole la
culpa y la pena de su padre para
que se guardase de otro tanto. Pedro de Cieza de Leon dice de los
Incas á este proposito lo que se
sigue, capítulo veinte y uno : Y
tuvieron otro aviso para no ser abor-
recidos de los naturales, que nunca quitaron el señorío de ser caciques á los que les venia de herencia, y eran naturales; y si
por ventura alguno cometia delito, ó se hallaba culpado en tal manera que mereciese ser despriva-

do del señorío que tenia , daban
y encomendaban el cacicazgo á sus
hijos ó hermanos, y mandaban que
fuesen obedecidos por todos &c.
Hasta aquí es de Pedro de Cieza.
Lo mismo guardaban en la guerra,
que nunca descomponian los capitanes naturales de las provincias de
donde era la gente que traian para la guerra : dexabanles con los
oficios , aunque fuesen maeses de
campo, y dabanles otros de la sangre real por superiores , y los capitanes holgaban mucho de servir como tenientes de los Incas,
cuyos miembros decian que eran
siendo ministros y soldados suyos,
lo qual tomaban los vasallos por
grandisimo favor. No podia el juez
arbitrar sobre la pena que la ley
mandaba dar, sino que la habia de
executar por entero so pena de
muerte, por quebrantador del man-
damiento real. Decian que dando

M 3

licencia al juez para poder arbitrar,
disminuian la magestad de la ley
hecha por el rey , con acuerdo y
parecer de hombres tan graves y
experimentados como los habia en
el consejo ; la qual experiencia y
gravedad faltaba en los jueces particulares, y que era hacer venales
los jueces y abrirles puerta para
que, ó por cohechos ó por ruegos,
pudiesen comprarles la justicia, de
donde naceria grandísima confusion
en la república , porque cada juez
haria lo que quisiese , y que no
era razon que nadie se hiciese legislador sino executor de lo que
mandaba la ley por rigurosa que
fuese. Cierto , mirado el rigor que
aquellas leyes tenian , que por la
mayor parte por liviano que fuese
el delito , como hemos dicho, era
la pena de muerte, se puede decir
que eran leyes de bárbaros ; empero considerado bien el provecho

que de aquel mismo rigor se le
seguia á la república, se podrá decir que eran leyes de gente prudente que deseaba estirpar los males de su república, porque de exe-
cutarse la pena de la ley con tanta severidad , y de amar los hombres naturalmente la vida y abor-
recer la muerte , venian á aborre-
cer el delito que la causaba ; y de
aqui nacia , que apenas se ofrecia
en todo el año delito que castigar
en todo el imperio del Inca ; porque todo él, con ser mil y trescientas leguas de largo , y haber tanta
variedad de naciones y lenguas, se
gobernaba por unas mismas leyes y
ordenanzas , como si no fuera mas
de sola una casa : valia tambien
mucho para que aquellas leyes las
guardasen con amor y respeto, que
las tenian por divinas ; porque como en su vana creencia tenian á
sus reyes por hijos del sol , y al

M 4

sol por su dios , tenian por man-
damiento divino qualquiera comun
mandato del rey , quanto mas las
leyes particulares que hacia para
el bien comun. Y así decian ellos
que el sol las mandaba hacer, y las
revelaba á su hijo el Inca ; y de
aquí nacia tenerse por sacrílego y
anatema el quebrantador de la ley,
aunque no se supiese su delito ; y
acaeció muchas veces que los tales
delinqüentes, acusados de su propia
conciencia , venian á publicar ante
la justicia sus ocultos pecados; porque demas de creer que su anima
se condenaba , creian por muy ave-
riguado que por su causa y por su
pecado venian los males á la república , como enfermedades , muertes , malos años y otra qualquiera
desgracia comun ó particular , y
decian que querian aplacar á su
dios con su muerte para que por su
pecado no envíase mas males al

mundo; y de estas confesiones públicas entiendo que ha nacido el
querer afirmar los Españoles historiadores que confesaban los Indios
del Perú en secreto como hacemos
los Christianos, y que tenian con-
fesores diputados, lo qual es relacion falsa de los Indios, que lo dicen por adular los Españoles y con-
graciarse con ellos, respondiendo
á las preguntas que les hacen conforme al gusto que sienten en el
que les pregunta, y no conforme
á la verdad, que cierto no hubo
confesiones secretas en los Indios
(hablo de los del Perú, y no me
entremeto en otras naciones, reynos ó provincias que no conozco)
sino las confesiones públicas que
hemos dicho pidiendo castigo exemplar.

No tuvieron apelaciones de
un tribunal para otro, en qualquier
pleyto que hubiese civil ó crimi-

nal, porque no pudiendo arbitrar
el juez, se executaba llanamente en
la primera sentencia la ley que trataba de aquel caso, y se fenecia
el pleyto, aunque segun el gobierno de aquellos reyes y la vivienda de sus vasallos, pocos casos civiles se les ofrecian sobre qué pley-
tear. En cada pueblo habia juez
para los casos que allí se ofreciesen, el qual era obligado á executar la ley en oyendo las partes
dentro de cinco dias. Si se ofrecia
algun caso de mas calidad ó atro-
cidad que los ordinarios, que re-
quiriese juez superior, iban al pueblo metrópoli de la tal provincia,
y allí lo sentenciaban; que en cada cabeza de provincia habia gobernador superior para todo lo que
se ofreciese; porque ningun pley-
teante saliese de su pueblo ó de su
provincia á pedir justicia. Porque
los reyes Incas entendieron bien,

que á los pobres por su pobreza
no les estaba bien seguir su justicia fuera de su tierra, ni en muchos tribunales, por los gastos que
se hacen y molestias que se pade-
cen; que muchas veces monta mas
esto que lo que van á pedir, por
lo qual dexan perecer su justicia,
principalmente si pleytean contra
ricos y poderosos, los quales con
su pujanza ahogan la justicia de
los pobres. Pues queriendo aquellos
Príncipes remediar estos inconvenientes, no dieron lugar á que los
jueces arbitrasen, ni hubiese muchos tribunales, ni los pleytean-
tes saliesen de sus provincias. De
las sentencias que los jueces ordinarios daban en los pleytos, hacian relacion cada luna á otros jueces superiores, y aquellos á otros
mas superiores, que los habia en
la corte de muchos grados, conforme á la calidad y gravedad de

los negocios , porque en todos los
ministerios de la república habia
orden de menores á mayores , hasta los supremos, que eran los presidentes ó Visoreyes de las quatro
partes del imperio. La relacion era
para que viesen si se habia admi-
nistrado recta justicia , porque los
jueces inferiores no se descuidasen
de hacerla ; y no la habiendo hecho eran castigados rigurosamente.
Esto era como residencia secreta
que les tomaban cada mes. La manera de dar estos avisos al Inca y
á los de su consejo supremo , era
por ñudos dados en cordoncillos de
diversas colores , que por ellos se
entendian como por cifras; porque
los ñudos de tales y tales colores,
decian los delitos que se habian
castigado , y ciertos hilillos de diferentes colores que iban asidos á
los cordones mas gruesos , decian
la pena que se habia dado y la ley

que se habia executado ; y de esta manera se entendian , porque no tuvieron letras , y adelante haremos capítulo á parte donde se dará mas larga relacion de la manera del contar que tuvieron por estos ñudos , que cierto muchas veces ha causado admiracion á los Españoles ver que los mayores contadores de ellos se yerren en su aritmética, y que los Indios esten tan ciertos en las suyas de particiones y compañias , que quanto mas dificultosas tanto mas faciles se muestran ; porque los que las manejan no entienden en otra cosa de dia y de noche , y así estan diestrísimos en ellas.

Si se levantaba alguna disension entre dos reynos y provincias sobre los términos ó sobre los pastos , enviaba el Inca un juez de los de la sangre real , que habiéndose informado y visto por sus

ojos lo que á ambas partes convenia , procurase concertarlas , y el
concierto que se hiciese, diese por
sentencia en nombre del Inca que
quedase por ley inviolable , como
pronunciada por el mismo rey.
Quando el juez no podia concer-
tar las partes , daba relacion al
Inca de lo que habia hecho con
aviso de lo que convenia á cada una , y de lo que ellas difi-
cultaban , con lo qual daba el Inca la sentencia hecha ley, y quando no le satisfacia la relacion del
juez , mandaba se suspendiese el
pleyto hasta la primera visita que
hiciese de aquel distrito , para
que habiéndolo visto por sus ojos,
lo sentenciase él mismo. Esto tenian los vasallos por grandísima
merced y favor del Inca.

CAPÍTULO XL.

*Los decuriones daban cuenta de los
que nacian y morian.*

Volviendo á los caporales ó decuriones decimos , que demas de los dos oficios que hacian de protector y fiscal , tenian cuidado de dar cuenta á sus superiores de grado en grado de los que morian y nacian cada mes de ambos sexós; y por consiguiente al fin de cada año se la daban al rey de los que habian muerto y nacido en aquel año , y de los que habian ido á la guerra y muerto en ella. La misma ley y orden habia en la guerra de los cabos de esquadra, alfereces, capitanes y maeses de campo , y el general, subiendo de grado en grado , hacian los mismos oficios de acusador y protector con sus sol-

dados ; y de aquí nacia andar tan
ajustados en la mayor furia de la
guerra , como en la tranquilidad
de la paz , y en medio de la corte. Nunca permitieron saquear los
pueblos que ganaban , aunque los
ganasen por fuerza de armas. Decian los Indios , que por el mucho
cuidado que habia de castigar los
primeros delitos se escusaban los
segundos y terceros , y los infini-
tos que en cada república se hacian , donde no habia diligencia de
arrancar la mala yerba en asoman-
do á nacer, y que no era buen gobierno ni deseo de atajar males
aguardar que hubiese quejosos para castigar los malhechores , que
muchos ofendidos no querian que-
jarse por no publicar sus infamias,
y que aguardaban á vengarse por
sus manos, de lo qual nacian grandes escandalos en la república, los
quales se escusaban con velar la

justicia sobre cada vecino , y castigar los delitos de oficio sin guardar parte quejosa.

· · Llamaban á estos decuriones
por el número de sus decurias : á
los primeros llamaban chunca camayu , que quiere decir el que tiene
cargo de diez. Nombre compuesto
de chunca , que es diez , y de
camayu el que tiene cargo , y por
el semejante con los demás números, que por escusar prolixidad no
los decimos en la misma lengua,
que para los curiosos fuera cosa
agradable ver dos y tres números
propuestos con el nombre camayu,
el qual nombre sirve tambien en
otras muchas significaciones , reci-
biendo composicion con otro nombre ó verbo que signifique de qué
es el cargo , y el mismo nombre
chunca camayu en otra significacion
quiere decir perpetuo tahur , el
que trae los naypes en la capilla de

la capa, como dice el refran : porque llaman chunca á qualquier juego, porque todos se cuentan por números, y porque todos los números van á parar al deceno : tomaron el número diez por el juego, y para decir juguemos, dicen chuncasum, que en rigor de propia significacion podria decir contemos por dieces ó por números, que es jugar. Esto he dicho para que se vea en quán diversas significaciones se sirven aquellos Indios de un mismo vocablo ; por lo qual es muy dificultoso alcanzar de raiz las propiedades de aquel lenguage.

Por la via de estos decuriones sabia el Inca, sus vireyes y gobernadores de cada provincia y reyno quántos vasallos habia en cada pueblo, para repartir sin agravio las contribuciones de las obras públicas, que en comun estaban obligados á hacer por sus provin-

cias, como puentes, caminos, cal-
zadas, los edificios reales y otros
servicios semejantes; y tambien
para enviar gente á la guerra, así
soldados como bagageros. Si alguno se volvia de la guerra sin licencia, lo acusaba su capitan ó su al-
ferez ó su cabo de esquadra, y en
su pueblo su decurion, y era castigado con pena de muerte por la
traycion y alevosía de haber desamparado en la guerra á sus compañeros y parientes, y á su capitan, y ultimamente al Inca ó al
general que representaba su persona. Para otro efecto sin el de las
contribuciones y el repartimiento
de la gente de guerra, mandaba
el Inca que se supiese cada año el
número de los vasallos que de todas edades habia en cada provincia y en cada pueblo, y que tambien se supiese la esterilidad ó
abundancia de la tal provincia, lo

qual era para que estuviese sabida
y prevenida la cantidad de bastimento que era menester para so-
correrlos en años esteriles y faltos
de cosecha; y tambien para saber
la cantidad de lana y de algodon
necesaria para darles de vestir á
sus tiempos, como en otra parte
dirémos. Todo lo qual mandaba el
Inca que estuviese sabido y preve-
nido para quando fuese menester,
porque no hubiese dilacion en el
socorro de los vasallos quando tuviesen necesidad. Por este cuidado
tan anticipado que los Incas en el
beneficio de sus vasallos tenian, dice muchas veces el P. Blas Valera,
que en ninguna manera los debian
llamar reyes, sino muy prudentes
y diligentes tutores de pupilos; y
los Indios, por decirlo todo en
una palabra, les llamaban amador
de pobres.

Para que los gobernadores y

jueces no se descuidasen en sus
oficios , ni qualesquiera otros ministros menores , ni los de la hacienda del sol ó del Inca en los
suyos , habia veedores y pesquisi-
dores que de secreto andaban en
sus distritos, viendo ó pesquisando
lo que mal hacian los tales oficiales , y daban cuenta de ello á los
superiores á quien tocaba el castigo de sus inferiores para que lo
castigasen. Llamabanse tucuyricoc,
que quiere decir el que lo mira
todo. Estos oficiales, y qualesquiera otros que tocaban al góbierno
de la república, ó al ministerio de
la hacienda real ó qualquiera otro
ministerio , todos eran subordinados de mayores á menores , porque nadie se descuidase en su oficio. Qualquiera juez ó gobernador,
ú otro ministro inferior que se hallase no haber guardado justicia en
su judicatura, ó que hubiese hecho

qualquiera otro delito, era castigado mas rigurosamente que qualquiera otro comun en igual delito,
y tanto mas rigurosamente, quanto
mas superior era su ministerio; porque decian, que no se podia sufrir
que el que habia sido escogido para hacer justicia hiciese maldad, ni
que hiciese delitos el que estaba
puesto para castigarlos : que era
ofender al sol y al Inca que le
habia elegido para que fuese mejor que todos sus subditos.

CAPÍTULO XLI.

Niegan los Indios haber cometido delito alguno Inca de la sangre real.

No se halla , ó ellos lo niegan
que hayan castigado ninguno de los
Incas de la sangre real , á lo menos en público : decian los Indios
que nunca hicieron delito que me-

reciese castigo público ni exemplar,
porque la doctrina de sus padres,
el exemplo de sus mayores y la
voz comun que eran hijos del sol,
nacidos para enseñar y hacer bien
á los demas, los tenia tan refrena-
dos y ajustados, que mas eran de-
chado de la república que escandalo de ella. Decian con esto que
tambien les faltaban las ocasiones
que suelen ser causa de delitos,
como pasion de mugeres, ó codicia
de hacienda ó deseo de venganza;
porque si deseaban mugeres hermosas, les era lícito tener todas las
que quisiesen; y qualquiera moza
hermosa que apeteciesen y envia-
sen á pedirla á su padre, sabia el
Inca, que no solamente no se la habian de negar, mas que se la habian de dar con grandísimo hacimiento de gracias de que hubiese
querido baxarse á tomarla por man-
ceba ó criada. Lo mismo era en la

hacienda , que nunca tuvieron falta de ella para tomarla agena , ni
dexarse cohechar por necesidad;
porque donde quiera que se hallaban con cargo de gobierno ó sin
él , tenian á su mandar toda la hacienda del sol y la del Inca , como
gobernadores de ellos ; y sino lo
eran , estaban obligados los gobernadores y las justicias á darles de
la una ó de la otra todo lo que habian menester; porque decian, que
por ser hijos del sol y hermanos
del Inca, tenian en aquella hacienda la parte que hubiesen menester.
Tambien les faltaba ocasion para
matar ó herir á nadie por via de
venganza ó enojo, porque nadie les
podia ofender , antes eran adorados en segundo lugar despues de la
persona real ; y si alguno , por gran
señor que fuese, enojase algun Inca,
era hacer sacrilegio y ofender la
misma persona real ; por lo qual

era castigado muy gravemente . Pero tambien se puede afirmar que
nunca se vió Indio castigado por
haber ofendido en la persona , honra , ni hacienda á algun Inca, porque no se halló tal , porque los tenian por dioses ; como tampoco se
halló haber sido castigado Inca alguno por sus delitos , que lo uno
cotejan con lo otro , que no quieren confesar los Indios haber hecho ofensa á los Incas , ni que los
Incas hubiesen hecho grave delito,
antes se escandalizan de que se lo
pregunten los Españoles; y de aquí
ha nacido entre los historiadores
de su nacion decir uno de ellos que
tenian hecha ley , que por ningun
crimen muriese Inca alguno. Fuera escandalo para los Indios tal ley,
que dixeran les daban licencia para que hicieran quantos males quisieran , y que hacian una ley para
sí y otra para los otros. Antes lo

degradáran y relajáran de la sangre real, y castigáran con mas severidad y rigor; porque siendo Inca se habia hecho auca, que es tirano, traidor, fementido.

Hablando Pedro de Cieza de Leon de la justicia de los Incas, capítulo quarenta y quatro, acerca de la milicia, dice : Y si hacian en la comarca de la tierra algunos insultos y latrocinios, eran luego con gran rigor castigados, mostrándose en esto tan justicieros los señores Incas, que no dexaban de mandar executar el castigo, aunque fuese en sus propios hijos &c. Y en el capítulo sesenta, hablando de la misma justicia dice : Y por el consiguiente, si alguno de los que con él iban de una parte á otra, era osado de entrar en las sementeras ó casas de los Indios, aunque el daño que hiciesen no fuese mucho, mandaba que fuese muerto &c., lo qual dice aquel autor sin hacer distincion de Incas á no Incas , porque sus leyes eran generales para todos. Preciarse de ser hijos del sol , era lo que mas les obligaba á ser buenos por aventajarse á los demas , así en la bondad como en la sangre , para que creyesen los Indios que lo uno y lo otro les venia de herencia; así lo creyeron , y con tanta certidumbre, segun la opinion de ellos, que quando algun Español hablaba loando alguna cosa de las que los reyes ó algun pariente de ellos hubiese hecho, respondian los Indios, no te espantes que eran Incas; si por el contrario vituperaba alguna cosa mal hecha , decian : No creas que Inca alguno hizo tal ; y si la hizo no era Inca , sino algun bastardo echadizo, como dixeron de Atahualpa por la traycion que hizo á su hermano Huascar,

Inca legítimo heredero , como dirémos en su lugar mas largamente.

Para cada distrito de los quatro en que dividieron su imperio,
tenia el Inca consejos de guerra,
de justicia , de hacienda. Estos
consejos tenian para cada ministerio sus ministros , subordinados de
mayores á menores hasta los ultimos , que eran los decuriones de
á diez , los quales de grado en
grado daban cuenta de todo lo que
en el imperio habia , hasta llegar á los consejos supremos. Habia quatro visoreyes , de cada distrito el suyo. Eran presidentes de
los consejos de su distrito: recibian
en suma la razon de todo lo que
pasaba en el reyno para dar cuenta de ello al Inca. Eran inmediatos
á él , y supremos gobernadores de
sus distritos. Habian de ser Incas
legítimos en sangre , experimentados en paz y en guerra. Estos qua-

tro y no mas eran del consejo de
estado , á los quales daba el Inca
orden de lo que se habia de hacer
en paz ó en guerra , y ellos á sus
ministros de grado en grado hasta los ultimos. Y esto baste por
ahora de las leyes y gobierno de
los Incas: adelante , en el discurso
de sus vidas y hechos , irémos en-
tretegiendo las cosas que hubiere
mas notables.

CAPÍTULO XLII.

Vida y hechos de Sinchi Roca , se-
gundo rey de los Incas.

A Manco Capac Inca sucedió su
hijo Sinchi Roca ; el nombre propio fue Roca , con la pronunciacion de r sencilla : en la lengua
general del Perú no tiene significacion de cosa alguna, en la particular de los Incas la tendrá , aunque

N 3

yo no la sé. El P. Blas Valera dice, que Roca significa príncipe prudente y maduro, mas no dice en qué lengua: advierte la pronunciacion blanda de la r tambien como nosotros. Dicelo contando las excelencias de Inca Roca que adelante verémos. Sinchi es adjetivo, quiere decir valiente; porque dicen que fue de valeroso animo y de muchas fuerzas, aunque no las exercitó en la guerra, que no la tuvo con nadie. Mas en luchar, correr, saltar, tirar una piedra y una lanza, y en qualquiera otro exercicio de fuerzas, hacia ventaja á todos los de su tiempo.

Este príncipe, habiendo cumplido con la solemnidad de las exéquias de su padre, y tomado la corona de su reyno, que era la borla colorada, propuso aumentar su señorío, para lo qual hizo llamamiento de los mas principales

curacas que su padre le dexó , y
á todos juntos les hizo una plática larga y solemne, y entre otras
cosas les dixo : Que en cumpli-
miento de lo que su padre quando se quiso volver al cielo le dexó
mandado, que era la conversion de
los Indios al conocimiento y adoracion del sol , tenia propuesto de
salir á convocar las naciones comarcanas : que les mandaba y en-
cargaba tomasen el mismo cuidado,
pues teniendo el nombre Inca como su propio rey , tenian la misma obligacion de acudir al servicio del sol , padre comun de todos
ellos, y al provecho y beneficio de
sus comarcanos, que tanta necesidad tenian de que los sacasen de
las bestialidades y torpezas en que
vivian ; y pues en sí propios podian mostrar las ventajas y mejora
que al presente tenian , diferente
de la vida pasada antes de la veni-

da del Inca, su padre, le ayudasen
á reducir aquellos bárbaros, para
que viendo los beneficios que en
ellos se habian hecho, acudiesen
con mas facilidad á recibir otros
semejantes.

Los curacas respondieron, que
estaban prestos y apercibidos para
obedecer á su rey, hasta entrar en
el fuego por su amor y servicio.
Con esto acabaron su plática, y
señalaron el dia para salir. Llegado
el tiempo, salió el Inca bien acompañado de los suyos, y fue hácia
Collasuyu, que es al mediodia de
la ciudad del Cozco: convocaron á
los Indios, persuadiéndoles con buenas palabras y con el exemplo, á
que se sometiesen al vasallage y
señorío del Inca y á la adoracion
del sol. Los Indios de las naciones
Puchina y Canchi, que confinan por
aquellos términos, simplicísimos de
su natural condicion, y facilísimos

á creer qualquiera novedad, como lo son todos los Indios, viendo el exemplo de los reducidos, que es lo que mas les convence en toda cosa, fueron fáciles de obedecer al Inca, y someterse á su imperio; y en espacio de los años que vivió, poco á poco, de la manera que se ha dicho, sin armas, ni otro suceso que sea de contar, ensanchó sus términos por aquella vanda hasta el pueblo que llaman Chuncara, que son veinte leguas adelante de lo que su padre dexó ganado, con muchos pueblos, que hay á una mano y á otra del camino. En todos ellos hizo lo que su padre en los que redujo, que fue cultivarles las tierras y los animos para la vida moral y natural, persuadiéndoles que dexasen sus ídolos, y las malas costumbres que tenian, y que adorasen al sol, guardasen sus leyes y preceptos, que eran los que ha-

bia revelado y declarado al Inca
Manco Capac. Los Indios le obedecieron y cumplieron todo lo que
se les mandó, y vivieron muy contentos con el nuevo gobierno del
Inca Sinchi Roca , el qual , á imitacion de su padre , hizo todo lo
que pudo en beneficio de ellos, con
mucho regalo y amor.

Algunos Indios quieren decir
que este Inca no ganó mas de hasta Chuncara , y parece que bastaba
para la poca posibilidad que entonces los Incas tenian. Empero otros
dicen que pasó mucho mas adelante , y que ganó otros muchos pueblos y naciones que van por el camino de Vmasuyu , que son Can-
calla , Cacha Rurucachi , Assillu,
Asancatu , Huancani, hasta el pueblo llamado Pucara de Vnasuyu, á
diferencia de otro que hay en Orcosuyu. Nombrar las provincias tan
en particular es para los del Pe-

rú , que para los de otros reynos
fuera impertinencia: perdoneseme
que deseo servir á todos. Púcara
quiere decir fortaleza: dicen que
aquella mandó labrar este príncipe , para que quedase por frontera de lo que habia ganado , y que
á la parte de los Antis ganó hasta el rio llamado Callahuaya, donde se cria el oro finísimo, que pre-
tende pasar de los veinte y quatro
quilates de su ley , y que ganó los
demas pueblos que hay entre Callahuaya y el camino real de Vmasuyu , donde están los pueblos arriba nombrados. Que sea como dicen los primeros ó como afirman
los segundos, hace poco al caso
que lo ganase el segundo Inca ó
el tercero; lo cierto es que ellos
los ganaron , y no con pujanza de
armas , sino con persuasiones, promesas y demonstraciones de lo que
prometian. Y por haberse ganado

sin guerra, no se ofrece qué decir
de aquella conquista, mas de que
duró muchos años, aunque no se
sabe precisamente quantos, ni los
que reynó el Inca Sinchi Roca.
Quieren decir que fueron treinta. Gastólos á semejanza de un
buen hortelano, que habiendo puesto una planta, la cultiva de todas
las maneras que le son necesarias
para que lleve el fruto deseado:
así lo hizo este Inca con todo cuidado y diligencia, vió y gozó en
mucha paz y quietud la cosecha
de su trabajo, que los vasallos le
salieron muy leales y agradecidos
de los beneficios que con sus leyes
y ordenanzas les hizo, las quales
abrazáron con mucho amor, y guardaron con mucha veneracion como
mandamientos de su dios el sol,
que así les hacian entender que lo
eran.

Habiendo vivido el Inca Sinchi

Roca muchos años en la quietud y
bonanza que se ha dicho, falleció
diciendo que se iba á descansar con
su padre el sol, de los trabajos qué
había pasado en reducir los hombres á su conocimiento. Dexó por
sucesor á Lloque Yupanqui su hijo legítimo, y de su legítima muger y hermana Mama Cora, ó Mama Ocllo, segun otros. Sin el príncipe heredero, dexó otros hijos en
su muger y en las concubinas de
su sangre, sobrinas suyas, cuyos
hijos llamarémos legítimos en sangre. Dexó asimismo otro gran número de hijos bastardos en las concubinas alienigenas, de las quales
tuvo muchas, porque quedasen muchos hijos é hijas, para que cre-
ciese la generacion y casta del sol,
como ellos decian.

CAPÍTULO XLIII.

Lloque Yupanqui , rey tercero: sig-
nificacion de su nombre.

El Inca Lloque Yupanqui fue el
tercero de los reyes del Perú : su
nombre propio fue Lloque , quiere
decir Izquierdo. La falta que sus
ayos tuvieron en criarle, por do salió zurdo , le dieron por nombre
propio. El nombre Yupanqui fue
nombre impuesto por sus virtudes
y hazañas. Y para que se vean algunas maneras de hablar que los
Indios del Perú en su lengua general tuvieron , es de saber que esta diccion Yupanqui es verbo , y
habla de la segunda persona del fu-
turo imperfecto del indicativo modo , número singular , y quiere decir contarás , y en solo el verbo dicho así absolutamente , encierran
y cifran todo lo que de un princi-

pe se puede contar en buena parte,
como decir, contarás sus grandes
hazañas, sus excelentes virtudes,
su clemencia, piedad y mansedumbre, &c. que es frasis y elegancia
de la lengua decirlo así: la qual, como se ha dicho, es muy corta en
vocablos, empero muy significati-
ba en ellos mismos: y decir así los
Indios un nombre ó verbo impuesto á sus reyes, era para compre-
hender todo lo que debaxo de tal
verbo ó nombre se puede decir, como diximos del nombre Capac, que
quiere decir, rico, no de hacienda, sino de todas las virtudes que
un rey bueno puede tener; y no
usaban de esta manera de hablar
con otros por grandes señores que
fuesen, sino con sus reyes, por no
hacer comun lo que aplicaban á sus
Incas, que lo tenian por sacrilegio, y parece que semejan estos
nombres al nombre augusto que los

Romanos dieron á Octaviano César
por sus virtudes, que dichoselo á
otro que no sea emperador ó gran
rey, pierde toda la magestad que
en sí tiene.

A quien dixere que tambien
significará contar maldades, pues
el verbo contar se puede aplicar
á ambas significaciones de bueno y
de malo, digo, que en aquel lenguage, hablando en estas sus ele-
gancias, no toman un mismo verbo para significar por él lo bueno
y lo malo, sino sola una parte, y
para la contraria toman otro verbo
de contraria significacion, apropia-
do á las maldades del príncipe, como (en el propósito que hablamos)
decir Huacanqui, que, hablando del
mismo modo, tiempo, número y
persona, quiere decir, llorarás sus
crueldades, hechas en público y
secreto, con veneno y con cuchillo; su insaciable avaricia, su ge-

neral tiranía sin distinguir sagrado
de profano, y todo lo demás que
se puede llorar de un mal príncipe. Y porque dicen que no tuvieron que llorar de sus Incas, usaron
del verbo Huacanqui, hablando de
los enamorados, en el mismo frasis, dando á entender que llorarán
las pasiones y tormentós que el
amor suele causar en los amantes.
Estos dos nombres Capac y Yupanqui, en las significaciones que de
ellos hemos dicho, se los dieron
los Indios á otros tres de sus reyes por merecerlos, como adelante verémos. Tambien los han tomado muchos de la sangre real,
haciendo sobrenombre el nombre
propio que á los Incas dieron, como han hecho en España los del
apellido Manuel, que habiendo sido nombre propio de un Infante de
Castilla, se ha hecho sobrenombre
en sus descendientes.

CAPÍTULO XLIV.

Dos conquistas que hizo el Inca
Lloque Yupanqui.

Habiendo tomado el Inca Lloque
Yupanqui la posesion de su reyno,
y visitádolo por su persona, propuso estender sus límites, para lo
qual mandó levantar seis ó siete
mil hombres de guerra, para ir á
su reducion con mas poder y autoridad que sus pasados, porque habia mas de sesenta años que eran
reyes, y le pareció no remitirlo
todo al ruego y á la persuasion, sino que las armas y la potencia hiciesen su parte, á lo menos con
los duros y pertinaces. Nombró dos
tios suyos, que fuesen por maeses
de campo, y eligió otros parientes que fueron por capitanes y consejeros; y dexando el camino de

Vmasuyu, que su padre habia lle-
vado en su conquista, tomó el de
Orcosuyu. Estos dos caminos se
apartan en Chuncara, ván por el
distrito llamado Collasuyu, y abra-
zan la gran laguna Titicaca.

Luego que el Inca salió de su
distrito, entró en una gran provincia llamada Cana: envió mensageros á los naturales con requerimientos que se reduxesen á la obedien-
cia y servicio del hijo del sol, dexando sus vanos y malos sacrificios,
y bestiales costumbres. Los Canas.
quisieron informarse despacio de
todo lo que el Inca les enviaba á
mandar, qué leyes habian de tomar, quales dioses habian de adorar; y despues de haberlo sabido
respondieron, que eran contentos
de adorar al sol, obedecer al Inca, y guardar sus leyes y costumbres, porque les parecian mejores
que las suyas. Así salieron á re-

cibir al rey, y se entregaron por
vasallos obedientes. El Inca, dexando ministros, así para que los
instruyesen en su idolatría, como
para cultivar y repartir las tierras, pasó adelante hasta la nacion
y pueblo llamado Ayaviri. Los naturales estuviéron tan duros y re-
beldes, que ni aprovecháron persuasiones ni promesas, ni el exemplo de los demas Indios reducidos,
sino que obstinadamente quisieron
morir todos defendiendo su libertad, bien en contra de lo que hasta entonces habia sucedido á los
Incas; y así salieron á pelear con
ellos sin querer oir razones, y
obligaron á los Incas á tomar las
armas para defenderse mas que para ofenderles pelearon mucho espacio : hubo muertos y heridos
de ambas partes, y sin reconocerse
la victoria se recogieron en su
pueblo, donde se fortaleciéron lo

mejor que pudieron, y cada dia
salian á pelear con los del Inca.
El qual, por usar de lo que sus pasados le dexaron mandado, se es-
cusaba todo lo que podia por no
venir á las manos con los enemigos;
antes como si él fuera cercado y
no cercador, sufria las desvergüen-
zas de los bárbaros, y mandaba á
los suyos que atendiesen á apre-
tarlos en el cerco, si fuese posible
sin llegar á las manos. Mas los de
Ayaviri, tomando animo de la be-
nignidad del Inca, y atribuyén-
dola á cobardia, se mostraban de
dia en dia mas duros en reducirse,
mas feroces en la pelea, y llega-
ban hasta entrarse por los reales
del Inca. En estas escaramuzas y
recuentros siempre llevaban los cer-
cados lo peor.

El Inca, porque las demas naciones no tomasen el mal exemplo

y se desvergonzasen á tomar las
armas, quiso castigar aquellos pertinaces : envió por mas gente, mas
para mostrar su poder que por
necesidad que tuviese de ella, y
entre tanto apretó á los enemigos
por todas partes, que no los dexaban salir por cosa alguna que hubiesen menester; de que ellos se
afligieron mucho, y mucho mas de
que les iba faltando la comida.
Tentaron la ventura á ver si la hallaban en sus brazos, pelearon un
dia ferocísimamente. Los del Inca
resistieron con mucho valor, hubo
muchos muertos y heridos de ambas partes; los de Ayaviri escaparon tan mal parados de esta batalla que no osaron salir mas á pelear : los Incas no quisieron dego-
llarlos que bien pudieran; empero
con el cerco los apretaron porque
se rindiesen de suyo. Entre tanto

llegó la gente que el Inca habia
pedido, con la qual acabaron de
desmayar los enemigos, y tuviéron
por bien de rendirse. El Inca los
recibió á discrepcion sin partido
alguno, y despues de haberles mandado dar una grave reprehension
de que se hubiesen desacatado al
hijo del sol, los perdonó y mandó
que los tratasen bien sin atender á
la pertinacia que habian tenido, y
dexando ministros que los doctrinasen y mirasen por la hacienda
que se habia de aplicar para el sol
y para el Inca, pasó adelante al
pueblo que hoy llaman Pucara, que
es fortaleza, la qual mandó hacer
para defensa y frontera de lo que
habia ganado, y tambien porque
se defendió este pueblo, y fue menester ganarlo á fuerza de armas;
por lo qual hizo la fortaleza, porque el sitio era dispuesto para ella,
donde dexó buena guarnicion de

gente. Hecho esto se fue al Cozco donde fue recibido con gran fiesta y regocijo.

CAPÍTULO XLV.

Conquista de Hatun Colla : blasones de los Collas.

Pasados algunos años aunque pocos, volvió el Inca Lloque Yupanqui á la conquista y reducion de los Indios, que estos Incas como desde sus principios hubiesen echado fama que el sol los habia enviado á la tierra para que sacasen los hombres de la vida ferina que tenian, y les enseñasen la política, sustentando esta opinion, tomaron por principal blason el reducir los Indios á su imperio, encubriendo su ambicion con decir que lo mandaba el sol. Con este achaque mandó el Inca aprestar ocho ó nueve

mil hombres de guerra, y habiendo elegido consejeros y oficiales
para el exército, salió por el distrito de Collasuyu, y caminó hasta su fortaleza llamada Pucara, donde fue despues el desvarate de Francisco Hernandez Giron, en la batalla que llamaron de Pucara. De
allí envió sus mensageros á Paucar-
colla, y á Hatun Colla, por quien
tomó nombre el distrito llamado
Collasuyu, es una provincia grandísima que contiene en sí muchas
provincias y naciones debaxo de este nombre Colla. Requirióles como
á los pasados, y que no resistiesen
como los de Ayaviri, que los habia castigado el sol con mortandad
y hambre, porque habian osado tomar las armas contra sus hijos: que
lo mismo haria de ellos si caye-
sen en el propio error. Los Collas
tomaron su acuerdo juntándose los
mas principales en Hatun Colla,

que quiere decir Colla la grande,
y pareciéndoles que la plaga pasada de Ayaviri y Pucara habia sido castigo del cielo, queriendo es-
carmentar en cabeza agena, respondieron al Inca que eran muy
contentos de ser sus vasallos, adorar al sol, y abrazar sus leyes y
ordenanzas, y guardarlas. Dada esta respuesta, salieron á recibirle
con mucha fiesta y solemnidad, con
cantares y aclamaciones inventadas
nuevamente para mostrar sus animos.

El Inca recibió con mucho aplauso los curacas, les hizo mercedes
de ropa de vestir de su propia persona, les dió otras dádivas que
estimaron en mucho, y despues el
tiempo adelante, él y sus descendientes favoreciéron y honraron
mucho estos dos pueblos, particularmente á Hatun Colla, por el
servicio que le hicieron en reci-

birle con ostentacion de amor , que
siempre los Incas se mostraron muy
favorables y agradecidos de semejantes servicios , y lo encomendaban á los succesores; y así ehno-
-bleciéron el tiempo adelante aquel
pueblo con grandes y hermosos edificios, demas del templo del sol y
casa de las vírgenes que en él fun-
daron , cosa que los Indios tanto
estimaban.

Los Collas son muchas y diversas naciones , y así se jactan descender de diversas cosas: unos dicen
que sus primeros padres salieron de
la gran laguna Titicaca. Teníanla
por madre , y antes de los Incas
la adoraban entre sus muchos dioses , y en las riberas de ella le ofrecian sus sacrificios. Otros se precian venir de una gran fuente , de
la qual afirman que salió el primer
antecesor de ellos. Otros tienen por
blason haber salido sus mayores de

unas cuevas y resquicios de peñas
grandes, y tenian aquellos lugares
por sagrados, y á sus tiempos los
visitaban con sacrificios en recono-
cimiento de hijos á padres. Otros
se preciaban de haber salido el primero de ellos de un rio: teniante
en gran veneracion y reverencia
como á padre. Tenian por sacrilegio matar el pescado de aquel rio,
porque decian que eran sus hermanos. De esta manera tenian otras
muchas fábulas acerca de su origen
y principio, y por el semejante
tenian muchos y diferentes dioses
como se les antojaba, unos por un
respeto y otros por otro. Solamente en un Dios se conformaron los
Collas, que igualmente le adoraron todos y tuvieron por su principal dios, era un carnero blanco, porque fueron señores de infinito ganado. Decian que el primer
carnero que hubo en el mundo sa-

to , que así llaman al cielo , habia
tenido mas cuidado de ellos que
no de los demás Indios , y que los
amaba mas , pues habia producido
y dexado mas generacion en la tierra de los Collas que en otra alguna de todo el mundo. Decian esto
aquellos Indios , porque en todo
el Collao se cria mas y mejor ganado de aquel su ganado natural
que en todo el Perú ; por el qual
beneficio adoraban los Collas al carnero , y le ofrecian corderos y sebo en sacrificio ; y entre su ganado
tenian en mucha mas estima á los
carneros que eran del todo blancos,
porque decian que los que asemejaban mas á su primer padre tenian
mas deidad. Demas de esta burle-
ría consentian en muchas provincias del Collao una gran infamia,
y era , que las mugeres antes de
casarse podian ser quan malas quisiesen de sus personas , y las mas

O 3

disolutas se casaban mas aína, como que fuese mayor calidad haber sido malísima. Todo lo qual quitaron los reyes Incas, principalmente los dioses, persuadiéndoles que solamente el sol merecia ser adorado por su hermosura y excelencia, y que él criaba y sustentaba todas aquellas cosas que ellos adoraban por dioses. En los blasones que los Indios tenian de su origen y descendencia no les contradecian los Incas, porque como ellos se preciaban descender del sol, se holgaban que hubiese muchas semejantes fábulas, porque la suya fuese mas fácil de creer.

Puesto asiento en el gobierno de aquellos pueblos principales, así para su vana religion como para la hacienda del sol y del Inca, se volvió al Cozco, que no quiso pasar adelante en su conquista: porque estos Incas siempre tuviéron por mejor ir ganando poco á poco, y poniéndolo en orden y razon para que los vasallos gustasen de la suavidad del gobierno, y convidasen á los comarcanos á someterse á él, que no abrazar de una vez muchas tierras, que fuera causar escandalo, y mostrarse tiranos, ambiciosos y codiciosos.

CAPÍTULO XLVI.

La gran provincia Chucuytu se reduce de paz. Hacen lo mismo otras muchas.

El Inca fue recibido en el Cozco con mucha fiesta y regocijo donde paró algunos años, entendiendo en el gobierno y comun beneficio de sus vasallos. Despues le pareció visitar todo su reyno, por el contento que los Indios recibian de ver al Inca en sus tierras, y porque

O 4

los ministros no se descuidasen en
sus cargos y oficios por la ausen-
cia del rey. Acabada la visita,
mandó levantar gente para llevar
adelante la conquista pasada. Salió
con diez mil hombres de guerra
llevó capitanes escogidos, llegó á
Hatun Colla y á los confines de
Chucuytu, provincia famosa de mucha gente, que por ser tan principal, le dieron al emperador en el
repartimiento que los Españoles hicieron de aquella tierra, á la qual
y á sus pueblos comarcanos envió
los requerimientos acostumbrados,
que adorasen y tuviesen por dios
al sol. Los de Chucuytu aunque
eran poderosos, y sus pasados habian sujetado algunos pueblos de
su comarca, no quisieron resistir
al Inca, antes respondieron que
le obedecian con todo amor y voluntad, porque era hijo del sol;
de cuya clemencia y mansedum-

bre estaban aficionados , y querian
ser sus vasallos por gozar de sus
beneficios.

El Inca los recibió con la afa-
bilidad acostumbrada , y les hizo
mercedes y regalos con dádivas
que entre los Indios se estimaban
en mucho ; y viendo el buen suceso que en su conquista habia tenido, envió los mismos requerimientos á los demas pueblos comarcanos hasta el desaguadero de la gran
laguna Titicaca ; los quales todos,
con el exemplo de Hatun Colla y
de Chucuytu , obedecieron llanamente al Inca , que los mas principales fueron Hillavi Chulli , Pu-
mata , Cipita , y no contamos en
particular lo que hubo en cada pueblo de demandas y respuestas, porque todas fueron á semejanza de
lo que hasta aquí se ha dicho : y
por no repetirlo tantas veces lo
decimos en suma. Tambien quie-

ren decir que tardó el Inca muchos años en conquistar y sujetar estos pueblos ; mas en la manera del ganarlos no difieren nada: y así va poco ó nada hacer caso de lo que no importa.

:   Habiendo pacificado aquellos pueblos despidió su exército, dexando consigo la gente de guarda necesaria para su persona, y los ministros para la enseñanza de los Indios; quiso asistir personalmente á todas estas cosas , así por darles calor como por favorecer aquellos pueblos y provincias con su presencia, que eran principales y de importancia para lo de adelante. Los curacas y todos sus vasallos se favorecieron de que el Inca quisiese parar entre ellos un invierno, que para los Indios era el mayor favor que se les podia hacer ; y el Inca les trató con mucha afábilidad y caricias , inventando cada dia

nuevos favores y regalos , porque
veía por experiencia , sin la doctrina de sus pasados , quánto im-
portaba la mansedumbre , el beneficio, y el hacerse querer para
atraer los estraños á su obedien-
cia y servicio. Los Indios prego-
naban por todas partes las excelencias de su príncipe , diciendo que
era verdadero hijo del sol. Entre-
tanto que el Inca estaba en el Collao , mandó apercibir para el verano siguiente diez mil hombres de
guerra. Venido el tiempo y reco-
gida la gente eligió quatro maes-
ses de campo , y por general envió un hermano suyo , que no saben decir los Indios cómo se llamaba : al qual mandó que con parecer y consejo de aquellos capitanes procediese en la conquista
que le mandaba hacer ; y á todos
cinco dió orden y expreso mandato , que en ninguna manera llega-

sen á rompimiento de batalla con
los Indios que no quisiesen reducirse por bien , sino que á imitacion de sus pasados los atraxesen
con caricias y beneficios, mostrándose en todo padres piadosos antes que capitanes belicosos. Mandóles que fuesen al poniente de
donde estaban , á la provincia llamada Huin Pacasa , y reduxesen
los Indios que por allí hallasen. El
general y sus capitanes fueron como se les mandó , y con próspera
fortuna reduxeron los naturales que
hallaron en espacio de veinte leguas que hay hasta la falda de la
cordillera y sierra Nevada , que
divide la costa de la sierra. Los
Indios fueron fáciles de reducir,
porque eran behetrias y gente suel-
ta sin orden, ley ni policía. Vivian
á semejanza de bestias : goberna-
ban los que mas podian con tirania
y soberbia ; por estas causas fue-

ron faciles de sujetar ; y los mas
de ellos como gente simple, vinieron de suyo á la fama de las maravillas que se contaban de los Incas hijos del sol. Tardaron en esta
reduccion casi tres años ; porque
se gastaba mas tiempo en doctri-
narlos, segun eran brutos, que en
sujetarlos. Acabada la conquista, de-
xados los ministros necesarios para el gobierno , y los capitanes y
gente de guerra para presidio y
defensa de lo que se habia conquistado , se volvió el general y
sus quatro capitanes á dar cuenta
al Inca de lo que dexaban hecho.
El qual entre tanto que duró aquella conquista se habia ocupado en
visitar su reyno , procurando ilus-
trarle de todas maneras con aumentar las tierras de labor. Mandó sacar nuevas acequias, y hacer edificios necesarios para el provecho
de los Indios , como pósitos, puen-

tes y caminos para que las provincias se comunicasen unas con otras.
Llegado el general y los capitanes
ante el Inca, fueron muy bien re-
cibidos y gratificados de sus trabajos ; y con ellos se volvió á su
corte con propósito de cesar de las
conquistas, porque le pareció haber ensanchado harto su imperio,
que norte sur ganó mas de quarenta leguas de tierra , y leste hueste mas de veinte, hasta el pie de
la sierra y cordillera Nevada , que
divide los llanos de la sierra : estos dos nombres son impuestos por
los Españoles.

En el Cozco fue recibido con
grande alegria de toda la ciudad,
que por su afable condicion, mansedumbre y liberalidad era amado
en extremo. Gastó lo que le quedó
de la vida en quietud y reposo,
ocupado en el beneficio de sus vasallos haciendo justicia. Envió dos

veces á visitar el reyno al príncipe heredero llamado Mayta Capac, acompañado de hombres viejos
y experimentados para que cono-
ciese los vasallos y se exercita-
se en su gobierno. Quando se sin-
tió cercano á la muerte llamó á
sus hijos , entre ellos al príncipe heredero, y en lugar de testamento les encomendó el beneficio
de los vasallos , la guarda de las
leyes y ordenanzas que sus pasados , por orden de su dios y padre el sol, les habia dexado: y que
en todo les mandaba hiciesen como
hijos del sol. A los capitanes Incas
y á los demas curacas , que eran
señores de vasallos , encomendó el
cuidado de los pobres , la obedien-
cia de su rey. A lo ultimo les dixo
que se quedasen en paz , que su
padre el sol le llamaba para que
descansase de los trabajos pasados.
Dichas estas cosas y otras seme-

jantes , murió el Inca Lloque Yupanqui : dexó muchos hijos é hijas
de las concubinas , aunque de su
muger legítima , que se llamó Mama Cava , no dexó hijo varon mas
de al principe heredero Mayta Capac, y dos ó tres hijas. Fue llorado
Lloque Yupanqui en todo su reyno con gran dolor y sentimiento,
que por sus virtudes era muy amado. Pusieronle en el número de sus
dioses hijos del sol , y así le adoraron como á uno de ellos. Y porque la historia no canse tanto hablando siempre de una misma cosa , será bien entretexer en las vidas de los reyes Incas algunas de
sus costumbres, que serán mas agra-
dables de oir que no las guerras y
conquistas hechas casi todas de una
misma suerte : por tanto digamos
algo de las ciencias que los Incas
alcanzaron.

CAPÍTULO XLVII.

Ciencias que alcanzaron los Incas:
Astrología.

La astrología y la filosofía natural que los Incas alcanzaron fue muy poca; porque como no tuvieron letras, aunque entre ellos hubo hombres de buenos ingenios que llamaron amautas, los que filosofaron cosas sutiles, como muchas que en su república practicaron, no pudiendo dexarlas escritas para que los sucesores las llevaran adelante, perecieron con los mismos inventores, y así quedaron cortos en todas ciencias, ó no tuvieron sino algunos principios rastreados con la lumbre natural, y esos dexaron señalados con señales toscas y groseras para que las gentes las viesen y notasen. Dirémos de cada cosa lo que tuvieron. La filosofía

moral alcanzaron bien ; y en práctica la dexaron escrita en sus leyes , vida y costumbres , como en
el discurso se verá por ellas mismas : ayudabales para esto la ley
natural que deseaban guardar, y la
experiencia que hallaban en las buenas costumbres , y conforme á ellas,
iban cultivando de dia en dia en su
república.

De la filosofia natural alcanzaron poco ó nada , porque no trataron de ella , que como para su vida simple y natural no tuviesen
necesidad que les forzase á inves-
tigar y rastrear los secretos de naturaleza , pasabanse sin saberlos ni
procurarlos ; y así no tuvieron ninguna práctica de ella , ni aun de
las calidades de los elementos para decir que la tierra es fria y seca,
y el fuego caliente y seco , sino
era por la experiencia de que les
calentaba y quemaba ; mas no por

via de ciencia de filosofia. Solamente alcanzaron la virtud de algunas yerbas y plantas medicina-
les con que se curaban en sus enfermedades , como dirémos de algunas quando tratemos de su medicina. Pero esto lo alcanzaron mas
por experiencia , enseñados de su
necesidad , que no por su filosofia
natural , porque fueron poco espe-
culativos de lo que no tocaban con
las manos.

De la astrología tuvieron alguna mas práctica que de la filosofia
natural, porque tuvieron mas inci-
tativos que les despertaron á la es-
peculacion de ella , como fue el
sol , la luna y el movimiento vario
del planeta venus , que unas veces
la veían ir delante del sol y otras
en pos de él. Por el semejante veían
la luna crecer y menguar , ya llena , ya perdida de vista en la con-
juncion , á la qual llaman muerte

de la luna : porque no la veían en
aquellos tres dias. Tambien el sol
los incitaba á que mirasen en él,
que unos tiempos se les aparta-
ba , y otros se les allegaba ; que
unos dias eran mayores que las no-
ches, otros menores , y otros iguales ; las quales cosas los movieron
á mirar en ellos , y las miraron
tan materialmente que no pasaron
de la vista.

Admirabanse de los efectos
pero no procuraban buscar las causas, y así no trataron si habia muchos cielos , ó no mas de uno , ni
imaginaron que habia mas de uno.
No supieron de qué se causaba el
crecer y menguar de la luna, ni los
movimientos de los demas planetas
ya aprasurados , ya espaciosos ; ni
tuvieron cuenta mas de con los
tres planetas nombrados por el gran-
dor , resplandor y hermosura de
ellos. No miraron en los otros qua-

tro planetas. De los signos no hubo imaginacion , y menos de sus
influencias. Al sol llamaron inti , á
la luna quilla y al lucero venus
chasca, que es crinita ó crespa por
sus muchos rayos. Miraron en las
siete cabrillas por verlas tan juntas , y por la diferencia que hay
de ellas á las otras estrellas qué
les causaba admiracion , mas no
por otro respeto; y no miraron en
mas estrellas, porque no teniendo
necesidad forzosa, no sabian á qué
proposito mirar en ellas , ni tuvieron mas nombres de estrellas en
particular que las dos que hemos
dicho : en comun las llamaron coy-
llur , que quiere decir estrella.

CAPÍTULO XLVIII.

Alcanzaron la cuenta del año , los
solsticios y los equinocios.

Mas con toda su rusticidad al-

canzaron los Incas que el movimiento del sol se acababa en un año,
al qual llamaron huata.: es nombre que quiere decir año, y la misma dicion sin mudar pronunciacion
ni acento , en otra significacion es
verbo , y significa atar. La gente
comun contaba los años por las co-
sechas. Alcanzaron tambien los solsticios del verano y del invierno , los
quales dexaron escritos con señales grandes y notorias, que fuéron
ocho torres que labraron al oriente,
y otras ocho al poniente de la ciudad del Cozco, puestas de quatro
en quatro , dos pequeñas de á tres
estados poco mas ó menos de alto,
en medio de otras dos grandes ; las
pequeñas estaban diez y ocho ó
veinte pies la una de la otra : á
los lados otro tanto espacio estaban las otras dos torres grandes,
que eran mucho mayores que las
que en España servian de atalayas.

y estas grandes servian de guardar
y dar aviso para que descubriesen
mejor las torres pequeñas : el espacio que entre las pequeñas habia
por donde el sol pasaba al salir y
al ponerse, era el punto de los solsticios. Las unas torres del oriente
correspondian á las otras del poniente del solsticio vernal ó hiemal.

Para verificar el solsticio , se
ponia un Inca en cierto puesto al
salir del sol y al ponerse , y mira-
ba á ver si salia y ponia por entre
las dos torres pequeñas que estaban al oriente y poniente : y con
este trabajo se certificaban en la
astrología de sus solsticios. Pedro
de Cieza , capítulo noventa y dos,
hace mencion de estas torres. El
P. Acosta tambien trata de ellas,
libro sexto, capítulo tercero, aunque no les dan su punto. Escribie-
ronlos con letras tan groseras, porque no supieron fixarlos con los

dias de los meses en que son los solsticios, porque contaron los meses por lunas, como luego dirémos, y no por dias ; y aunque dieron á cada año doce lunas , como el año solar exceda al lunar comun en once dias , no sabiendo ajustar el un año con el otro, tenian cuenta con el movimiento del sól por los solsticios para ajustar el año y contarlo , y no con las lunas ; y de esta manera dividian el un año del otro, rigiéndose para sus sembrados por el año solar y no por el lunar ; y aunque haya quien diga que ajustaban el año solar con el año lunar, le engañaron en la relacion ; porque si supieran ajustarlos fixáran los solsticios en los dias de los meses que son, y no tuvieran necesidad de hacer torres por mojoneras para mirarlos y ajustarlos por ellas con tanto trabajo y cuidado como cada dia tenian , mirando el salir del sol y ponerse por derecho de las torres.

Las quales dexé en pie el año de 1560, y si despues acá no las han derribado , se podria verificar por ellas el lugar de donde miraban los Incas los solsticios , á ver si era de una torre que estaba en la casa del sol, ó de otro lugar que yo no lo pongo por no estar certificado de él.

Tambien alcanzaron los equinocios y los solemnizaron muy mucho. En el de Marzo segaban los maizales del Cozco con gran fiesta y regocijo, particularmente el Anden de Collcampata, que era como jardin del sol. En el equinocio de Septiembre hacian una de las quatro fiestas principales del sol , que llamaban Citua Raymi , r sencilla: quiere decir fiesta principal que se celebraba , como en su lugar dirémos. Para verificar el equinocio tenian columnas de piedra ríquisi-

mamente labradas, puestas en los
patios ó plazas que habia ante los
templos del sol: los sacerdotes quando
sentian que el equinocio estaba
cerca, tenian cuidado de mirar cada
dia la sombra que la columna
hacia. Tenian las columnas puestas
en el centro de un cerco redondo
muy grande que tomaba todo
el ancho de la plaza ó del patio;
por medio del cerco echaban por
hilo de oriente á poniente una raya
que por larga experiencia sabian
dónde habian de poner el un punto
y el otro. Por la sombra que la
columna hacia sobre la raya, veian
que el equinocio se iba acercando;
y quando la sombra tomaba la raya
de medio á medio desde que salia
el sol hasta que se ponia, y que
á mediodia bañaba la luz del sol toda
la columna en derredor sin hacer
sombra á parte alguna, decian que
aquel dia era el equinocial. Enton-

ces adornaban las columnas con todas las flores y yerbas olorosas que
podian haber , ponian sobre ellas
la silla del sol, y decian que aquel
dia se asentaba el sol con toda su
luz de lleno en lleno sobre aquellas columnas. Por lo qual en particular adoraban al sol aquel dia
con mayores ostentaciones de fiesta y regocijo, y le hacian grandes
presentes de oro , plata , piedras
preciosas y otras cosas de estima.
Y es de notar, que los reyes Incas
y sus amautas, que eran los filósofos, así como iban ganando las provincias , así iban experimentando,
que quanto mas se acercaban á la
linea equinocial , tanto menos sombra hacia la columna al modiodia,
por lo qual fueron estimando mas
y mas las columnas que estaban
mas cerca de la ciudad de Quitu,
y sobre todas las otras estimaron
las que pusieron en la misma ciu-

dad , y en su parage hasta la costa
de la mar ; donde por estar el sol
á plomo, como dicen los albañiles,
no hacia señal de sombra alguna á
mediodia. Por esta razon las tuvieron en mayor veneracion , porque decian que aquellas eran asiento mas agradable para el sol , porque en ellas se asentaba derecha-
mente y en las otras de lado. Estas simplezas y otras semejantes
dixeron aquellas gentes en su astrología , porque no pasaron con
la imaginacion mas adelante de lo
que veían materialmente con los
ojos. Las columnas de Quitu y de
toda aquella region derribó el gobernador Sebastian de Belalcazar
muy acertadamente, y las hizo pedazos porque idolatraban los Indios
en ellas : las demas que por todo
el reyno habia , fueron derribando
los demas capitanes Españoles como las fueron hallando.

CAPÍTULO XLIX.

Tuvieron cuenta con los eclipses del sol : lo que hacian con los de la luna.

Contaron los meses por lunas de una luna nueva á otra , y así llaman al mes quilla como á la luna. Dieron su nombre á cada mes: contaron los medios meses por su creciente y menguante : las semanas por los quartos , aunque no tuvieron nombres para los dias de la semana. Tuvieron cuenta con los eclipses del sol y de la luna , mas no alcanzaron las causas. Decian al eclipse solar , que el sol estaba enojado por algun delito que habian hecho contra él , pues mostrabraba su cara turbada como hombre ayrado , y pronosticaban á semejanza de los astrólogos , que les

P 3

habia de venir algun grave castigo. Al eclipse de la luna , viéndola ir negreciendo , decian que
enfermaba la luna , y que si acababa de obscurecerse habia de morir , caerse del cielo , cojerlos á
todos debaxo y matarlos, y que se
habia de acabar el mundo : por este miedo , empezando á eclipsarse
la luna , tocaban trompetas , cor-
netas , caracoles , atabales , atam-
bores y quantos instrumentos podian haber que hiciesen ruido : ata-
ban los perros grandes y chicos,
dabanles muchos palos para que
ahullasen y llamasen la luna , que
por cierta fábula que ellos contaban , decian que la luna era aficio-
nada á los perros por cierto servicio que le habian hecho , y que
oyéndolos llorar habria lástima de
ellos , y recordaria del sueño que
la enfermedad le causaba.

Para las manchas de la luna de-

cian otra fábula mas simple que la
de los perros , que aun aquella se
podia añadir á las que la gentilidad antigua inventó y compuso á
Diana haciéndola cazadora ; mas la
que se sigue es bestialísima. Dicen
que una zorra se enamoró de la luna viéndola tan hermosa , que por
hurtarla subió al cielo , y quando
quiso echar mano de ella , la luna
se abrazó con la zorra y la pegó
á si , y que de esto se le hicieron
las manchas : por esta fábula tan
simple y tan desordenada se podrá
ver la simplicidad de aquella gente. Mandaban á los muchachos y
niños que llorasen y diesen grandes voces y gritos llamándola Mama Quilla, que es madre luna, ro-
gándole que no se muriese porque
no pereciesen todos. Los hombres
y las mugeres hacian lo mismo.
Habia un ruido y una confusion tan
grande que no se puede encarecer.

P 4

Conforme al eclipse, grande ó
pequeño, juzgaban que habia sido
la enfermedad de la luna. Pero si
llegaba á ser total, ya no habia que
juzgar sino que estaba muerta, y
por momentos temian el caer la luna y el perecer de ellos. Entonces
era mas de veras el llorar y plañir,
como gente que veía al ojo la muerte de todos y acabarse el mundo.
Quando veían que la luna iba poco
á poco volviendo á cobrar su luz, decian que convalecia de su enfermedad, porque el Pachacamac, que era
el Sustentador del universo, le habia
dado salud, y mandádole que no muriese porque no pereciese el mundo; y quando acababa de estar del
todo clara, le daban la enhorabue-
na de su salud, y muchas gracias
porque no se habia caído. Todo esto de la luna vi por mis ojos. Al
dia llamaron punchau, y á la noche tuta, al amanecer pacari. Tu-

vieron nombres para significar el
alva y las demas partes del dia y
de la noche , como media noche y
medio dia.

Tuvieron cuenta con el relámpago , trueno y rayo , y á todos
tres en junto llamaron illapa. No
los adoraron por dioses , sino que
los honraban y estimaban por criados del sol. Tuvieron que residian
en el ayre mas no en el cielo.
El mismo acatamiento hicieron al
arco del cielo , por la hermosura
de sus colores , y porque alcanzaron que procedia del sol ; de modo
que los reyes Incas lo pusieron en
sus armas y divisa. En la casa del
sol dieron aposento de por sí á cada cosa de estas, como en su lugar
dirémos. En la via que los astrólogos llaman lactea , en unas manchas negras que van por ella á la
larga, quisieron imaginar que habia
una figura de oveja con su cuerpo

entero , que estaba amamantando
un cordero. A mí me la querían
mostrar diciendo : Ves allí la cabeza de la oveja ; ves acullá la del
cordero mamando ; ves el cuerpo,
brazos y piernas del uno y del
otro : mas yo no veia las figuras sino las manchas , y debia de ser por
no saberlas imaginar.

Empero no hacian caudal de
aquellas figuras para su astrología,
mas de quererlas pintar imaginán-
dolas ; ni echaban juicios ni pronósticos ordinarios por señales del
sol , ni de la luna ni de los cometas , sino para cosas muy raras y
muy grandes , como muertes de
reyes ó destrucion de reynos y provincias ; adelante en sus lugares
dirémos de algunas cometas, si lle-
gamos allá. Para las cosas comunes
mas aína hacian sus pronósticos y
juicios de los sueños que soñaban
y de los sacrificios que hacian , que

no de las estrellas ni señales del
ayre. Y es cosa espantosa oir lo
que decian y prónosticaban por los
sueños, que por no escándalizar al
vulgo no digo lo que en esto pudiera contar. Acerca de la estrella
venus, que unas veces la veían al
anochecer y otras al amanecer, decian que el sol, como señor de todas las estrellas, mandaba que aquella, por ser mas hermosa que todas las demas, anduviese cerca de
él, unas veces delante y otras
atrás.

Quando el sol se ponia, vién-
dole trasponer por la mar (porque
todo el Perú á la larga tiene la mar
al poniente) decian que entraba en
ella, que con su fuego y calor
secaba gran parte de las aguas de
la mar, y que como un gran nadador daba una zabullida por debaxo
de la tierra para salir otro dia al
oriente; dando á entender que la

tierra está sobre el agua. Del ponerse la luna ni de las otras estrellas no dixeron nada. Todas estas
boberias tuvieron en su astrología
los Incas, de donde se podrá ver
quán poco alcanzaron de ella, y
baste esto de su astrología, digamos la medicina que usaban en sus
enfermedades.

ÍNDICE

DE LOS CAPÍTULOS

FIN DEL TOMO I.

35332887R00220

Made in the USA
Lexington, KY
07 September 2014